다시, 봄

김민정 수필집

교음사

| 작가의 창 |

지난 계절은 참으로 혹독했습니다.

올해 코로나19로 인해 머릿속이 늘 복잡하고 마음이 불편했지만, 글을 쓰고 있는 시간만큼은 코로나 블루에서 벗어날 수 있었습니다.

두 번째 수필집 『다시, 봄』은 나름 산고의 시간을 거쳐 나오게 되었습니다.

지난 8개월 동안 직장생활을 제외한 모든 시간을 오로지 책을 위해 마음을 다하였습니다.

사회적 거리 두기로 인하여 많은 체험을 하지 못한 아쉬움은 있었으나 체험적 수필을 대신해 자기 성찰과 관조의 세계를 관심 있게 바라보게 되었습니다.

자신의 삶을 행복하게 이끌어 가는 기예는 누구에게나 필요합니다. 책을 쓰며 집중하다 보니 변화된 내 자신을 발견하게 된 것이 첫 번째 행복이었습니다.

두 번째 행복은 한 편 한 편 글을 쓸 때마다 예술적인 성취나 감동 면에서 깊이 고뇌하고 창작의 열정을 일깨우는 시간이었습니다.

봄 중에 가장 좋은 봄은 다시, 봄이라 했습니다.

『다시, 봄』은 독자들과의 두 번째 만남을 의미하며, 먼저 간 남편과의 영적인 만남, 제 자신의 지난날을 되돌아봄과 글을 씀으로써 새로운 봄을 맞이한다는 의미가 있습니다.

이 책을 위해 노력한 만큼 독자에게 제 마음을 보여 드릴 수 있다면 휴식시간과 잠을 줄이고 글에 정진한 시간이 결코 헛되지 않을 것이라는 믿음을 가지고 있습니다.

누군가 이 책을 보는 시간만이라도 삶의 고달픔을 내려놓고 힐링과 감동이 있는 시간이 되었으면 하는 마음입니다.

모든 사람들이 웃음을 되찾을 수 있는 날이 하루속히 다가오길 기도합니다.

끝으로 이 글이 좋은 책이 되어 나올 수 있도록 격려와 성원을 보내주신 사랑하는 가족과 동료, 그리고 출판사 관계자에게 깊은 감사의 마음을 전합니다.

경자년 시월 오후. 저자 김민정

김민정 수필집 다시, 봄

• 차 례

• 작가의 창

1. 조우

2. 잡히지 않는 것들

3. 마지막 잎새

4. 내 마음의 명소

5. 다시, 봄

1
조우

“

사실은 예전부터 남편을 꼭 닮은 사람과 함께 살고 있다.

남편의 이목구비, 목소리, 성격, 행동까지도 데칼코마니로 그는 내 곁에서 행복을 준다. 바로 아들이다. 향기 없이 살아왔던 지난날을 보상해 주고 있는 아들은 든든한 버팀목이 되어 주고 있다. 지금이 참 행복하다.

”

조우

간밤 꿈에 남편이 환한 모습으로 나를 향해 뚜벅뚜벅 걸어왔다.

사무치도록 그리운 마음에 달려가 와락 포옹했다. 따뜻한 식사를 하자며 맛집으로 향해 가는데 남편이 갑자기 급한 일이 생겼다며 나를 내려놓더니 혼자 쌩하니 차를 끌고 가버렸다. 떠나가는 차의 뒤꽁무니를 망연자실 바라보며 알근해 오는 가슴을 쓸어안으며 잠에서 깨어났다.

밝아오는 아침이 못내 허전하기만 하다. 안방 테이블 위에 놓인 남편의 영정을 통해 눈빛으로 대화한 지도 어언 20년이 되어 간다. 건축사의 꿈을 이루기 위해 젊은 날을 온통 시험에만 정진했다. 그러나 건축사 합격을 눈앞에 두고 허망하게 떠났다. 마음이 시려오는 날들이 많아질수록 남편은 꿈속에 나타나 애틋한 정만 남기고 이내 사라진다.

10여 전 어느 날, 출근길에 우연으로 설명할 수 없는 일이 일어났다. 남편과 꼭 닮은 사람이 사창사거리 부근을 걸어가고 있었다. 청남방과 회색 재킷, 진청색 바지 차림이었다. 아담한 키, 이마 주름, 외까풀 눈, 넓은 콧방울, 얇은 입술, 날렵한 턱선 남편의 40대 모습 그대로였다. 순간 등줄기가 오싹했다. 백일몽은 분명 아니었다. 미행하듯 그의 뒤를 따라갔다. 두세 걸음 다가가자 그에게서 아프리모 향수 냄새가 풍기었다. 성큼성큼 걷는 발걸음 소리에 맞춰 내 심장도 같이 뛰었다. 그는 사거리 빌딩 앞에서 멈춰 섰다. "저기요!" 하고 부르려 했지만, 입안에서 자꾸 돌기만 했다. 그는 이미 엘리베이터를 타고 있었다. 그 후 며칠 동안 그의 잔상이 끊임없이 따라다니며 그곳을 지날 때마다 빌딩으로 눈길이 갔다. 남편의 사진을 꺼내 본다. 겹칠 듯 어긋나는 두 사람, 남편이 소엽 풍란(風蘭)이라면, 그는 잎의 가장자리만 노란 보륜란(蘭) 같았다.

유독 정이 많았던 남편의 닳은 구두의 끝은 늘 집안을 향해 있었다. 온화한 인상은 누구에게나 반듯하고 깍듯했다. 그런 그가 두 아이를 남기고 결혼 13년 만에 신기루처럼 사라졌다. 사람이 올 때는 그 사람의 세상도 따라오고, 사람이 갈 때는 내 세상도 가져간다고 했다.

남편을 떠나보내고 밤낮 비장한 무기를 어깨에 메고 세상 밖으로 돌진해야만 했다. 잡화점, 분식집, 보험회사 FC, 부동산 중개보조원, 이것저것 생업에 뛰어들었지만 개 꼬리 삼 년 두어도 황모 안 된다."는 말처럼 잘할 수 있는 일이 없었다. 그렇게 달포 해포를 발에 맞지 않는 높은 신발을 신고 애면글면했다. 세상은 부표처럼 떠도는 나에게 빗장을 열어 주지 않았다. 나는 늘 두려움을 먹고사는 들고양이처럼 바깥세상에서 숨어 살았다. 놀이터 회전 놀이기구 돌 듯 세상도 돌고 나도 돌았다. 단 하루라도 신경안정제를 먹지 않으면 견딜 수 없도록 어지러웠다.

방황과 절망 속에 있던 나에게 취업의 기회가 찾아왔다.

출근하고 보니 그가 잠들어 있는 산소 근처에 건설 회사였다. 남편이 이곳으로 안내한 것만 같았다. 무엇보다도 경력이 있었던 경리업무에는 어느 정도 마음을 놓을 수가 있었다.

매일 아침이면 남편이 누워 있는 산소를 바라보며 출근한다. 그의 고향 집 연둣빛 함석지붕 앞을 지나면 마을 앞에 선영이 있다. 2년 전 계단식으로 조성해 놓은 선산에 자리한 묘지에서 그가 손짓한다. "당신, 오늘도 힘내요." 죽어서도 살아 있는 그의 무언의 응원이 하늘이 되고 땅이 되어 나를 숨쉬게 했다.

올해로 16년째, 건설회사에서 회계와 내부업무를 보고 있다. 이순(耳順)이 된 나를 퇴직시키지 않는 걸 보면 남편이 잡아 주고 있는 건 아닌지 고마울 때가 있다.

회사에서 인사관리를 노무사에게 의뢰해 다시 정립하기로 했다.

오늘은 노무사가 방문하는 날이다. 약속 시간이 되어 출입구에 들어서는 남자와 눈을 마주치는 순간 멈칫했다. 그는 바로 10년 전 그날 사거리에서 보았던 그 남자였다. 남편과 완전 판박이였던 그 사람, 설렘과 반가움에 나도 모르게 입안이 벙글어졌다. 초면에 실실거리는 내 모습이 의아했는지 그도 멋쩍게 따라 미소를 지었다. 막상 마주하니 그도 세월을 비껴가진 못했나 보다. 희끗희끗한 머리, 편안해진 광대뼈, 짙어진 구레나룻, 두툼한 귓불, 후덕해진 턱선 내 남편도 살아 있다면 저렇게 변했겠지. 시선은 그의 얼굴에 머물렀다 피하기를 반복했다.

그가 명함을 내밀었다. 이름 위에 ○○○ 노무사 문구에 시선이 머물렀다. 그는 준비해온 서류를 넘기며 차근차근 설명했다. 중저음의 남편과 달리 말소리가 고왔다. 그런 그의 목소리가 낮설었다.

“단체협약이나 단체교섭을 제대로 이행하지 않으면 근로자들과 분쟁 될 수밖에 없습니다.” 고개만 끄덕이는 내가 아무 대답이 없자 커피 한 모금을 마시며 “궁금한 것이 있으시면 말씀해주세요.” 하며 말을 걸어왔다.

남편이 수더분한 이미지라면 이 사람은 어딘지 모르게 기상이 넘쳐 보였다.

이름도 얼굴도 모르는 사람을 무작정 따라갔던 날, 다시 만날 인연을 기다리고 있었던 나였다. 그런데 10년이 지난 지금 이제야 그가 내 앞에 나타났다. 눈빛에서 푸른빛이 나고 있는 그의 넓은 품에 한 번 안겨 보고도 싶었다. 저 사람의 아내는 어떤 사람일까, 나이는 나보다 어리겠지. 저 사람은 내 남편처럼 이상주의는 아닐 거야. 혼자서 북 치고 장구 치고 헛바람이 빠르게 지나갔다.

서류 가방을 들고 일어서는 그의 서류 가방을 멘 어깨에 흔들리는 내 눈동자가 박힌다.

그가 떠나고 다시 한동안 일이 손에 잡히지 않았다.

함축된 세월의 무게와 나의 나이테를 들여다본다. 이십여 년을 아픈 영혼과 함께 살면서 또 다른 인연을 기다렸던 건 사실이었다. 그러나 막상 이런 상황 속에 처했을 때 나의 입장은 명확해져 왔다. 다시 시작한다는 것은 더욱 큰 용기가 필요했다. 그 큰 용기가 없었던 나는 그 기다림을 끝내는 일이 더 쉬울 것이라는 생각을 했다.

석가의 법문처럼 "소리에 놀라지 않는 사자같이, 그물에 걸리지 않는 바람 같이, 흙탕물에 더럽히지 않는 연꽃같이, 무소의 불처럼 혼자서 가라" 그렇게 나 홀로 둥치를 불리며 나무뿌리를 뻗었다.

사실은 예전부터 남편을 꼭 닮은 사람과 함께 살고 있다.

남편의 이목구비, 목소리, 성격, 행동까지도 데칼코마니로 그는 내 곁에서 행복을 준다. 바로 아들이다. 향기 없이 살아왔던 지난날을 보상해 주고 있는 아들은 든든한 버팀목이 되어 주고 있다. 지금이 참 행복하다.

홀로 피는 수국

초여름 막이 올랐다. 구석구석 파스텔톤으로 만개한 수국이 눈길을 사로잡고 있다. 탐스럽게 피어난 각색의 수국을 세상 근심을 다 내려놓고 보게 된다.

어릴 적 이맘때면 울안이나 담장 밑에 핀 밥사발 모양의 하얀 꽃송이가 시골을 대표하는 꽃이었다. 한두 송이만으로도 시골의 정취를 느낄 수 있고 하얀 빛깔은 순수하고 다정한 인심을 대변했다. 수국이 피어 있는 집이라면 어느 집이라도 스스럼없이 들어가 물 한 모금 대접받기란 그리 어려운 일이 아니었다.

'수국 수국 하다'는 말은 알록달록 탐스럽게 핀 수국

의 자태를 표현하는 젊은이들의 용어이지만, 소담스럽게 핀 꽃을 이름조차 모른 그 시절 사람들은 꽃 모양이 하얀 밥사발처럼 생겨서 '사발 꽃'이라고 불렀다. 활짝 핀 사발 꽃은 춘궁기 무렵이면 활짝 핀 사발 꽃을 쳐다보기만 하여도 배가 불러오는 상상을 했던 꽃이다.

그 시절, 수국은 모두 하얀색으로만 피는 줄 알았다.

요즘은 재배기술이 발달하여 여러 색깔 수국이 가는 곳마다 포토존을 만들고 있다. 꽃의 색깔은 땅이 산성일 경우 파란색, 알칼리성일 경우 빨간색, 중성일 때는 하얀색으로 피어난다. 땅의 특성에 따라 다른 색이 나타내기 때문에 요즈음은 첨가제를 이용해 꽃의 색을 바꾸기도 한다. 앞으로는 또 어떤 색으로 피어나게 될지 기대가 된다.

지난여름, 장사도 여행을 하였을 때, 내 키만큼이나 큰 수국이 흐드러지게 피어 있는 꽃길을 걸었다. 형형색색의 수만 송이가 마치 구름처럼 피어나 몽환적이었다. 흰색과 하늘색의 경계를 오가며 시원함과 청량감을 주기도 했지만, 해안과 어울려 그 화려함이 더 했다. 연자줏빛 수국은 여심의 마음을 한껏 달구었다. 발걸음을 옮길 때마다 사람들의 작은 탄성 소리가 곳곳에서 터져 나왔다. 꽃 모양이 몽글몽글하고 송이가 푸짐한데다가 여럿이서 어울려 이루어 내는 조화로움으로 그 화려함이 돋보였다. 층층이

단을 쌓은 수국의 언덕에서 최고의 인생 샷을 찍은 사진을 다시 꺼내본다.

시원한 바다 전망도 좋았지만, 꽃들에게 마음을 빼앗겼던 그 날을 생각하면 지금도 달려가고픈 마음이 간절하다.

생명력이 오래가는 보라색은 진심, 흰색은 변덕, 분홍은 처녀의 꿈, 파란색은 냉정 거만의 꽃말을 가지고 있지만, 나에게는 모든 색의 꽃말이 슬프도록 아름다운 꽃이다.

수국 앞에서니 이십여 년 전 세상을 떠난 사촌 언니가 환하게 웃고 있다.

아기 때부터 우리와 같이 살았던 사촌 언니는 점점 성장하면서 토양에 따라 변하는 수국처럼 취향도 성격도 독특했다. 늘 그 날이 그날인 우리 언니들과는 달리 사촌 언니는 때와 장소에 따라 시기적절하게 변화를 주었다. 상냥하고 눈치도 빨라 할머니의 사랑을 독차지했다. 세 명의 친언니들과 분명히 다른 DNA는 사촌 언니 친엄마의 성격을 그대로 닮았다. 어릴 적 나는 가끔 사촌 언니가 이 세상을 아름답게 보는 선글라스를 꼈다고 생각했다. 똑같은 풍경을 보면서도 언니의 감정은 남달랐다. 말씨도 몸짓도 애교스럽고 깜찍했다. 나는 무신경한 감성지수를 지닌 재미없는 친언니들보다 사촌 언니를 잘 따라다녔다. 사촌 언니 곁에 있으면 늘 새롭고 지루하지 않았다.

사촌 언니가 태어나고 몇 년 지나지 않아 작은아버지가 학도병으로 징용을 떠났다. 그 후 몇 년이 지나도 소식조차 없자 작은어머니마저 새 삶을 찾아 떠났다. 언니는 할머니와 우리 엄마에게 맡겨졌다. 늘 할머니 곁에서 맴돌던 사촌 언니는 할머니마저 돌아가시자 자연히 우리와 함께 학창 시절을 보냈다. 토질에 따라 변하는 꽃을 닮은 언니의 얇고 보드라운 꽃잎처럼 언제나 외롭고 쓸쓸했다. 나 역시 언니가 고등학교를 졸업할 때까지 사촌 언니와 같은 방을 썼다. 언니는 커다란 연등 속 등불처럼 자신의 속마음을 감추며 바뀐 환경에서 적응해야만 했다. 살갑게 구는 조카딸이 눈치라도 볼까 봐 어머니는 똑같은 마음으로 키우셨다. 상업학교를 졸업한 후 사촌 언니는 서울로 떠났다. 외롭고 고독한 혼자만의 객지 생활은 그녀를 더욱 진한 색깔로 물들여야 했다. 명절이면 언니를 만날 수 있었다. 명절 때마다 한아름씩 안겨주는 언니의 선물은 최고의 사랑표현이었다.

국군 장교와 결혼한 언니는 자신의 성격에 어울리는 어린이집을 운영하며 삶을 개척해 나갔다. 누구보다도 싹싹하고 생글생글 웃는 모습은 누구에게나 사이다 같은 기분을 갖게 했다. 그렇게 열심히 세상의 변화 속도를 앞질러 열심히 살아가던 사촌 언니가 쉰 살이 되면서 뇌질환으로 쓰러지고야 말았다. 2년간 흐린 의식 속에서 잠시 깨어나기를 반복했지만, 끝내 우리 곁을 떠났다.

가끔은 하늘의 구름도 올려다보고, 강바람도 쐬고, 밤하늘의 별도 달도 보며 자신의 몸에 쉼을 허락했더라면, 아니 세상의 변화 속도를 앞질러 가려고 애쓰지만 않았더라면 저세상도 저렇게 빨리 가지 않았을 것이다.

가는 곳마다 색깔을 바꾸며 피어나야 했던 사촌 언니는 저 홀로 나약함을 감추기 위해 오히려 화려한 색으로 치장했어야 하는 삶이 버거웠을 것이다. 홀로 피지 않고 우리 남매와 같이 무더기로 피었더라면 아직 화려하고 탐스러운 꽃을 피우고 있었을 것이다.

연등처럼 화사하게 색깔을 바꾸는 꽃, 변화를 좋아하는 언니를 닮은 수국 곁에서 발길이 떨어지지 않는다.

씨아나 물레

청주에 있는 수암골 골목을 거닐다 보면 과거와 현재가 공존하고 있어 타임머신을 타고 시간 여행을 하는 기분이 든다. 한국전쟁 때 피란민들이 모여 살던 달동네 골목에 벽화가 그려지면서 동네가 화사하게 재탄생했다. 오늘도 대학생들 몇몇이 바닥에 물감을 펴 놓고 벽화에 그림을 덧칠하며 죽어가는 그림에 생명을 다시 불어 넣고 있었다. 벽화는 피란 생활의 힘겨운 세월을 안고 있으면서도 『해님과 달님』과 같은 동화 속 이야기를 담고 있기도 했고, 전방에서 물건 파는 아주머니의 모습을 보며 그 옛날 찬장에 모아두었던 동전을 몰래 가져가 뽀빠이 과자나 막대 아이스크림을 사 먹었던 기억도 떠오르게 했다. 다른 담벼락에는 남자아이들과 함께 말타기를 하며 시간을 보냈던 추억이, 또 다른 담벼락에는 새마을 운동의 슬로건인 근면, 자조, 협동이라고 써놓은 녹색 글씨가 향수를 불러일으켰다. 골목길에는 그저 벽화만이 아닌 시와 메시지가 함께 공존하고 있었다. 길모퉁이에 하잘것없이 깨어진 연탄과 사기그릇은 아프고 외로운 세월을 고스란히 안고 있는 듯해 지난 삶을 되돌아보게 했다.

골목을 따라 올라가니 주인 없는 판잣집 대문이 녹슨 쇠사슬로 감겨 있었다. 낮은 담 안으로 이름 모를 진홍빛 들꽃이 선명하게 피어 있었다. 싱싱하고 다양한 꽃을 진열해 놓은 꽃집들의 꽃보다 더 소중하고 아름답게 느껴졌다. 댓돌 위에는 해묵은 검정 고무신이 비바람을 맞고 성글게 놓여 있었다. 뽀얀 먼지가 쌓인 마루 끝에 고물처럼 보이는 씨아나 물레에 시선이 멈췄다. 오랜 세월을 품고 있는 씨아나 물레에서 세상을 떠난 친정어머니를 만났다.

어릴 적, 목화 농사를 지었던 고향에 목화꽃이 피기 시작하면 밭은 분홍 꽃밭이 되었다. 목화꽃이 지고 나면 아기 공갈 젖꼭지처럼 작고 동그란 초록빛 열매를 맺었다. 연하고 부드러운 열매를 따 먹으면 달달한 맛이 입안에 가득 고였다. 따가운 햇볕을 받은 열매가 입을 벌리기 시작하면 새 하얀 목화가 눈송이처럼 피어났다. 점점 불어나는 목화솜을 채취한 후에는 피다만 목화대를 베어 양지바른 산자락에 펼쳐 놓았다.

초가을 따가운 햇볕과 바람을 맞고 피어나는 새하얀 목화를 소설이 다가올 때까지 어머니는 수시로 목화를 따셨다. 아버지는 나무 지게 짐보다 높고 커다란 목화 더미를 다락방에 차곡차곡 쌓아 놓으셨다. 농한기가 시작되는 겨울밤이면 어머니는 석유 등잔 심지를 돋우시며 씨아나 물레 앞에 앉으셨다. 두 개의 원통을 돌리며 목화를 밀어 넣으면 넣는 쪽으로 씨가 떨어지고 반대편으로 솜이 빠져나가는 작업을 계속하셨다. 씨아나 물레가 돌아가는 소리는 밤늦도록 멈출 줄 몰랐다.

한밤중 자다가 오줌이 마려워 눈을 뜨면 어머니는 씨아나 물레 앞에 앉아 목화씨를 빼내고 계셨다. 열여덟 나이에 시집을 온 어머니가 삼십여 년이 넘도록 목화를 거둬들였으니 목화 속에는 땀도 눈물도 사연도 함께 뭉쳐 있었으리라. 엄동설한 씨아나 물레에서 빼냈던 것은 목화씨만은 아닐 것이다. 큰아이를 잃고 수없이 찔러대던 한을 하나하나 빼내었을 것이다. 내가 태어나기 전부터 어머니는 수많은 불멸의 밤을 웅크리고 앉아 회한의 원을 그리며 겨울밤에 풀어내신 것이다.

겨울 내내 빼낸 목화는 식솔들의 옷이 되고 이불이 되었다.

새 목화솜으로 만든 이불은 춥고 가난한 날에 마음까지 하얀 솜꽃을 피게 했다.

할머니가 세상을 떠나자 어머니는 더 이상 씨아나 물레를 돌리지 않으셨다.

그 후로는 기계가 발달하면서 손수 씨를 빼지 않아도 되었다. 솜틀집에 가서 씨앗을 빼내는 기계에 목화를 넣고 돌리면 순식간에 씨앗이 빠져나왔다. 주인장의 손길을 또 한 번 거치면 포근하고 가지런한 솜으로 탄생하였다.

언니들이 시집갈 때 이불을 몇 채씩 해가던 모습이 아직도 선연하다. 혼사를 보름 정도 앞두고 동리 아주머니들이 모두 모여 원앙 침구를 만들었다. 이틀은 족히 걸려야만 하는 바느질은 집안의 행사이며 마을의 행사였다.

내가 결혼을 할 즈음에는 화학솜의 등장으로 목화솜은 더 이상 최고가 아니었다. 양모가 생겨나고 밍크 이불이 생겨났다. 그래도 어머니는 보관해 놓았던 목화솜을 넣어 침구를 준비해 주셨다. 신혼초에 사용했던 이불은 침대를 사용하고부터 장롱 속에서

십여 년을 보관해 오다가 어느 날 버려졌다. 나이가 들고 보니 지금은 그 옛날 질 좋은 솜을 구하기가 쉽지 않을뿐더러 값도 제법 줘야만 구할 수 있게 되었다.

요즘도 더러는 옛날 솜이불이 재활용되어 솜틀집에서 깨끗한 이불로 재탄생되기도 한다. 딱딱하게 뭉치고 납작하게 눌린 솜의 먼지를 털어내고 열과 바람을 불어넣어 주면 새로운 솜으로 재탄생한다.

지난날, 어머니의 물레는 자식들의 숨결을 걷어 올리며 돌아갔다. 씨아나 물레는 이제는 한 올 한 올 잊혀가는 추억이 되어가고 있지만, 어머니에 대한 그리움만은 아직도 멈추지 않고 계속해서 돌아가고 있다.

그리운 살구나무

고향 집 언덕길에 핀 연분홍 살구나무꽃은 어쩌면 눈물의 꽃이었다. 그해, 큰언니를 닮은 살구꽃은 멀리 떨어져 있던 큰언닐 이제야 데려왔다.

긴 세월을 보내고 돌아와 살구나무 아래에 선 언니는 눈에 띄게 가냘프고 약해져 있었다. 고희를 훌쩍 넘긴 모습은 작은 바람에도 속절없이 떠다니는 시든 꽃 이파리처럼 처연했다. 동생들과 같이 걷던 옛 시절을 눈물나게 그리워하는 큰언니의 눈가에 봄날이 흐른다. 이제는 가벼운 날이 되길 비는 듯 살구꽃은 예전처럼 흐드러지게 피지 않았다.

그 옛날 여섯 동생의 밑거름이 되었던 언니는 이 꽃을 보며 마음을 달래고 기운을 얻었을 것이다. 언니의 옹이진 지난날의 상처를 아무도 모르게 모두 덮어 버린 살구꽃은 저만이 조용히 언니를 품고 있었다.

해방둥이로 태어난 큰언니는 자그맣고 깡마른 몸으로 아래로 여섯 동생 뒤치다꺼리는 물론 조모님까지 챙겨야 하는 무거운 짐을 지고 살아야만 했다. 가녀린 엄마에게 3년마다 찾아드는 입덧과 만삭된 엄마의 몸을 돌봐야 하는 것은 당연히 언니의 몫이었다. 아기가 목을 가눌 수 있을 때부터 아기를 업어 재우고, 동생의 기저귀를 빨아서 개는 일은 온전히 언니 몫이었다.

박꽃같이 피어나는 언니는 중학교 졸업 후 자신이 원했던 고등학교에 가지 못했다. 남존여비의 사상이 깃든 조모님의 반대에 부모님은 조모님의 뜻을 따랐기 때문이다.

언니의 스무 살은 오로지 가족을 위한 희생양 되어야만 했다.

강은 자신의 물을 마시지 않고, 나무는 자신의 열매를 먹지 않으며, 꽃은 자신을 위해 향기를 퍼트리지 않듯이, 언니의 삶은 오로지 집안과 동생들 건사하기에 바빴다. 이것은 곧 집안의 법도이며 당연한 도리였다.

해가 갈수록 점점 버거워지는 집안일에 언니는 성격이 차츰 변해갔다. 동생들이 모두 고등교육을 받게 되자 학력에 대한 언니의 자격지심은 커져만 갔다. 살가운 동생들이 차츰 짐으로 느껴지기 시작하며 관계 또한 점점 멀어지기 시작했다.

언니가 스물셋 무렵, 혼담이 오갔다. 집안의 첫 경사를 앞둔 어르신들은 벌써부터 혼수 준비에 필요한 물건을 하나둘씩 장만해 놓았다. 그러던 중 며칠 뒤 큰언니가 친구 집에 다녀오겠다고 집을 나섰다. 그러나 며칠이 지나도록 언니는 귀가하지 않았다. 가출이었다. 그 이유가 무엇인지 모르는 부모님은 애가 타도록 언니를 찾았지만 끝내 찾아낼 수가 없었다. 생활이 궁핍했던 것도 아니었고 외롭게 한 것도 아닌데 부모님은 도저히 용서가 되지 않았다.

학교를 파하고 집에 오면 풀빵을 만들어 놓고 반기던 언니가 너무도 그리웠다. 돌아오지 않는 큰언니를 마루 끝에 앉아 하염없이 기다렸던 모습이 빛바랜 필름처럼 스쳐 지나갔다. 그때 내 나이 10살쯤 되었을 것이다.

고향의 살구꽃이 세 번이나 필 때까지 언니의 소식은 들을 수가 없었다.

그러던 어느 날, 우체부가 편지 한 통을 대문에 꽂아 놓고 갔다. 편지를 뜯자 사진 한 장이 뚝 하고 떨어졌다. 두 돌과 백일

된 사내아이 사진이었다. 언니는 어느새 두 아들의 엄마가 되어 있었다. '지금쯤 고향에는 살구꽃이 만발하겠지요, 이 불효자식을 용서하세요, 단 하루도 고향 집을 잊어본 적이 없습니다.'로 시작된 편지에 부모님은 언니의 무심함과 반가움에 눈물을 훔치셨다.

부모님은 다음 날, 언니가 사는 주소지로 달려가셨다. 경상도 어디에서 쌀장사를 하며 열심히 살고 있는 언니 부부와 두 손주를 만나고 오신 부모님은 안도의 한숨을 내쉬셨다.

다음 해 복사꽃이 흐드러지게 피었던 봄날, 언니는 새하얀 드레스를 입고 결혼식을 올렸다. 뒤늦은 신부의 얼굴은 비로소 화사한 봄을 다시 찾을 수 있었다.

그로부터 긴 세월을 보내고 천수를 다하신 어머니가 세상을 뜨시자 장례식장에서 다섯 자매가 모두 모여 어머니의 곁을 밤새워 지키며 어머니의 저승길을 배웅했다. 이제 집안에서 가장 큰 어른이 된 언니는 지난날 자신이 살아온 이야기를 꺼내 놓았다. 맏이로 태어나 집안의 온갖 궂은일을 도맡아야만 하는 것은 당연한 일이었지만 언니의 희생을 아무도 몰라주니 날이 갈수록 부모님에 대한 원망이 쌓여만 갔다. 집안이 궁핍한 것도 아닌데 고등학교도 포기하고 조신하게 살림이나 하다가 시집가라는 부모님의 성화에 배움의 뜻을 이룰 수가 없었던 서러움은 날이 갈수록 거문고의 현을 켜듯 소리를 내었다. 여식의 아픔을 부모님은 귀 기울여 듣지 못하고 보지도 못했다. 마음은 늘 위태롭고 흔들리는데 부모님은 결혼까지 서두르셨다. 신랑을 만나보니 인연이 아니었다. 결국, 원치 않은 결혼을 잠시 피한다는 것이 고향을 등지게 되었다 했다.

절박한 그 시기에 지금의 형부를 만나지 않았더라면 동생들과 만남도 없었을 것이라며 눈시울을 적셨다. 담담하면서도 회한에 찬 표정으로 살아온 이야기를 하는 언니의 주름진 두 볼이 파르르 떨렸다. 언니가 누려야 할 삶을 빼앗은 것 같아 무거운 침묵만 흘렀다. 철없는 동생들의 손과 발이 되어 주었던 언니를 이제는 우리가 잡아줘야 할 때가 되었다는 걸 안다.

언니에겐, 새봄에 핀 살구꽃은 보은의 꽃이다. 생활이 녹록지 않을 때마다 친정에 있는 살구꽃을 그리며 마음을 달래고 기운을 얻었다. 꽃이 져야 열매가 열리듯이 꽃이 지는 것을 슬퍼하지 않았다.

사계절을 모두 담은 살구나무는 한 첩의 약이었다. 봄바람이 칭얼대면 화사한 분홍색 조명을 비춰 우울한 마음을 환하게 밝혀주고, 여름이면 노란 살구 열매로 부실한 몸을 일으켰고, 가을이면 오색 단풍으로 눈을 밝혔다. 나뭇가지에 핀 상고대는 또 얼마나 관능적인 겨울을 선물했던가, 아직도 봄이면 고향 집 살구나무가 그리워 한 번쯤은 다녀온다.

나의 유년을 행복하게 하고, 멀리 사는 큰언니를 데려온 살구나무는 우리 가족의 일대기를 서서 지켜본 당산나무이다.

어느덧 온 식구가 모두 집을 떠나고, 가끔 들르는 장손을 맞이하는 나무도 이 살구나무이다. 우리 가족을 모두 품고, 우리집의 모든 사연을 알고 있는 살구나무.

꽃처럼 인생이 피었을 때는 몰랐다. 꽃이 이렇게 빨리 진다는 것을, 푸름으로 기상이 넘치고 집터를 온통 꽃 대궐로 만들었던 살구나무 아래서 식구들의 시끌벅적했던 소리가 귓전에 맴돈다.

이제, 일백 년을 넘긴 고향의 살구나무는 더 이상 화려한 조명도 농익은 열매도 없이 그저 김씨 집안의 성근 족보만을 고요히 품고 식구들을 기다리고 있다.

기타 대신 삽을 메고

4월의 아가봉은 진달래 꽃밭이다.

많은 이들의 박수를 받는 아가봉은 온 산을 분홍빛 조명으로 물들였다.

도연명의 도원기에 나오는 무릉도원이 여기가 아닐까. 꽃은 분홍 솜사탕처럼 부풀어 올라 저만의 기호를 새겨 놓았다. 일필휘지로 휘둘러 놓은 이곳 작품 속을 거닐며 천국이 있다면 아마 이런 모습이 아닐까 하는 생각이 든다. 뜻밖에 자연으로부터 크게 환영을 받는 기분은 산길을 걷는 내내 탄성이 구령이 되어 차오르는 숨을 가라앉혔다. 그저 빈손으로 큰 선물을 받는 기분이 들었다. 때맞춰 비료를 준 것도, 벌레를 잡아 준 것도, 물을 주는 것도 아닌데도 때가 되면 저 홀로 황홀한 무대를 연출하니 자연은 진정한 배우이기도 하다. 늙지도, 성내지도 아니하는 모습은 언제나 다정하기만 하다. 해마다 지경을 넓히는 진달래를 보며 요즈음 새로운 줄기를 뻗어 나가려 안간힘을 쓰는 아들의 새 삶을 보게 된다.

늘 화려한 무대에서 시크한 의상을 걸치고 일렉기타를 치며 환상적인 연주하던 아들이다.

이년 전 서울 합정역 드림홀에서 일본으로 떠나기 전 마지막 공연이 있었다. 아들의 공연을 오랜만에 다시 보게 되어 긴장이 되고 설레었다. 공연장 안으로 들어서니 벌써 200여 명의 팬들로 꽉 차 있었다. 팬들 중에는 가끔 브라운관으로만 보았던 배우들도 눈에 띄었다. 공연이 시작되자 화려한 조명 아래 멤버들의 모습이 혜성같이 나타났다. 그동안 청주와 서울을 오가며 준비했던 시간이 헛되지 않길 빌며 기도했다.

드디어 공연이 시작되었다. 사회자의 재치 있는 입담으로 분위기가 한층 고조되었다. 기타를 메고 서 있는 아들을 보니 그동안 보지 못했던 카리스마가 넘쳐흘렀다. 발라드 락으로 시작된 공연은 소프트한 락과 강한 비트의 락을 넘나들며 관객들을 사로잡았다. 대부분 아들이 작곡한 프로패셔널한 음악은 관객들의 마음을 뜨겁게 했다. 평소와는 다른 아들의 모습을 보며 흐뭇한 미소가 절로 나왔다. 멤버들 모두 열정적인 무대로 일본에서의 성공을 약속하며 엔딩곡으로 아들이 작곡한 음악 중 내가 가장 좋아하는 「오아시스」를 끝으로 공연을 마쳤다.

아들은 커다란 희망과 꿈을 안고 일본으로 떠났다. 마침 보컬이 일본에서 오랜 시간 음악을 했던 탓에 믿고 보낼 수 있었다. 아무런 연고도 없는 나라에서 큰 어려움 없이 건강하게 지내는 것과 활발한 활동을 위해 매일 기도했다.

그러나 막상 도착한 일본은 냉정했다. 기획사에서 모든 걸 책임지기로 했지만, 어찌 된 일인지 계약과는 달랐다. 멤버들은 회의 끝에 기획사에서 나와 단독으로 활동하기로 마음을 모았다. 기획사도 없이 공연스케줄을 직접 알아보며 잡아야 했고, 공연이 있어도 오프닝 무대에 서는 게 고작이었다. 처음은 모두가 그렇게 시작한다고 하니 실망하지 않았다.

일본 생활에 적응하기 위해 어학연수를 시작했다. 어학 연수비는 이미 지급한 상태였지만 생활비는 각자 해결해야만 했다. 오전에는 학원으로 오후에는 아르바이트로 바쁘게 생활해야만 했다. 일주일에 한두 번 서는 오프닝 무대 공연은 감사한 마음으로 받아들였다. 아마추어로서 당연했다. 그래도 꿈이 있었기에 즐거웠다. 그렇게 1년을 보냈다.

1년의 연수를 끝내고 이제부터 다시 결정해야 할 갈림길에 섰다. 다시 한국으로 돌아가느냐, 남아서 기약 없는 이 생활을 계속하느냐의 갈림길에 선 멤버들 사이에 갈등이 일어났다. 아들은 깨달았다. 일본 드림은 착각이었다는 것을, 아들은 꿈을 접고 한국으로 돌아왔다. 다른 멤버들은 일본에서의 음악 활동을 이어나가기로 뜻을 모은 것 같아 아들 혼자 도중하차 하는 것이 내심 걱정이 되었지만 아들의 결정에 따랐다.

한국으로 돌아온 아들은 그동안 휴원했던 기타 학원을 재개원했다. 그러나 1년이라는 시간은 커다란 걸림돌이 되었다. 새로운 회원들을 다시 모집하기가 쉽지 않았고 강사로 나갔던 문화센터, 학교, 평생교육원에도 이미 다른 강사들이 선점하고 있었다.

모든 것을 다시 시작해야만 했다.

게다가 2월부터 코로나19가 발생하였다. 날이 갈수록 심각해져 가는 코로나19는 자영업자들에게 첫 번째로 큰 타격을 주었다. 날이 갈수록 팬데믹 현상으로 모든 경제가 곤두박질쳤다. 아들의 고민은 점점 커져만 갔다.

그러던 중 내가 근무하고 있는 건설회사 대표님께서 아들의 미래를 걱정한 끝에 회사에 나와 현장 기술을 배워 보라고 권면했다. 코로나19의 재앙은 끝날 기미가 안 보이고 기약 없는 이 불황 속에서 견디다 못한 아들은 생소한 공사 현장으로 뛰어들었다. 아직 미혼이고 책임져야 할 가정도 없건만 굳이 현장으로 뛰어든 이유는 단 하나 젊은 시간을 무의미하게 보낼 수 없다는 것이었다.

하얗고 긴 손에는 기타 대신 삽을 들었다. 현장 일이 무엇인지 감도 잡히지도 않은 채로 험한 세계에 겁없이 무작정 뛰어든 것이다. 이런 일은 아무나 할 수 있는 게 아니라고 말렸지만 한 번 해보겠다며 비장한 각오를 보였다.

패셔너블한 옷을 벗어버리고 잡부가 입는 작업복에 작업화를 신으니 하루아침에 인력사무실에서 차출된 잡부나 다름없었다. 마음이 아팠다.

건설장비가 난무한 현장은 산재 사고가 빈번했다. 얼마 전 현장에서 잡부 한 명이 14m 위에서 추락하여 현재까지 의식을 잃고 깨어날 기미가 없는 것을 본 나로서는 걱정이 앞섰다. 크고 작은 사고가 이어지는 현장은 늘 사고가 산재하고 있으니 한순간도 마음을 놓을 수가 없다. 현장에 대한 아무런 지식도 기술도 없이 몸으로 부딪치며 견뎌내야 할 일들을 생각하니 눈시울이 시큰거려 왔다. 예술대학에 보내고, 유학을 보냈을 때에는 적성에 맞는 직업을 선택하여 그 분야에서 능력과 기술을 발휘하길 바랐다. 날이 갈수록 아들의 얼굴에는 짙은 그림자가 드리워지기 시작했다. 절망감에 빠져든 건 오히려 엄마인 나였다.

대표님은 "현장 기술을 배우면 사는 데는 지장이 없을 겁니다." 하시며 지켜보라고만 하셨다.

아들은 입사 첫날부터 생소하기만 한 현장 일을 하나씩 익혀나갔다. 날이 갈수록 온몸에 상처가 훈장처럼 새겨져 돌아왔다. 신축 현장에는 제대로 된 구조물이 없이 가설물에 의지하며 몸을 맡겨야만 한다. 어제는 4층까지 난간도 없는 아슬아슬한 가설물 계단을 밟고 온종일 건축 자재를 날랐다며 계단을 오르내리는 도중에 현기증과 구토 증세 때문에 힘들었다고 했다. 힘에 부친 일을 반복하다 보니 몸 곳곳에 탈이 나기 시작했다. 요령으로 해야 하는 일들을 힘으로만 버티니 그럴 수밖에 없었다. 병원 약을 처방받고 다시 현장으로 복귀하며 하루하루를 버텨냈다.

그런데 한 달이 지나도 여전히 잡부 일은 계속되었다. 아들은 병원과 현장을 오가며 많이 지친 기색이었다. 결국 혈변까지 보였다. 힘쓰는 일을 계속하다 보니 치질까지 생겨났다. 그럼에도 회사에서의 엄마 위치를 생각하면 여기서 멈출 수가 없다며 이른바 깡으로 버텨냈다.

사무실에서 업무를 보면서도 오늘 날씨가 어떤지 자꾸 창밖으로 시선이 갔다. 사납게 몰아치는 비바람과 흙바람 속에서 안간힘을 쓰고 있을 아들을 생각하면 사무실에 앉아 사무를 보고 있는 게 큰 죄를 짓는 기분이 들기도 했다. 그 일을 허락한 것이 후회스럽기만 했다. 바람이 불면 부는 대로 비가 오면 오는 대로 마음이 온통 아들이 일하고 있는 현장에 가 있었다.

이십여 년을 이 회사에서 근무하면서 이렇게 애면글면 마음이 불편하기는 처음이었다. 자식이 아파하면 어미는 더 아픈 법이다. 누구에게도 내색하지 못하고 북받쳐 오르는 설움에 눈시울이 붉어지면 얼른 탕비실에 가서 눈물을 훔치고 아무렇지 않은 듯 업무에 임해야만 했다.

"사장님, 우리 애, 잡부 일은 이제 그만 시키고 현장 소장 업무를 배우게 해 주세요." 안쓰러운 마음에 대표님께 배려를 부탁했지만 "실장님, 너무 약해지지 마셔요. 안쓰럽더라도 두서너 달만 참으셔요. 그래야 현장 돌아가는 걸 알 수 있습니다." 하시며 대표님은 자신에게 맡겨보라며 느긋하기만 했다.

그런 대표님이 야속하게만 느껴졌다. 아들은 내가 걱정을 하는 것을 오히려 위로했다. 차라리 투정이라도 부리면 덜 속상할 것만 같았다. 저녁에 지쳐 잠든 아들의 얼굴을 볼 때마다 가슴이 먹먹해 왔다.

윤기 나는 앞머리에 희고 곱던 얼굴이 어느새 봄볕에 검게 그

을리고 몸이 성한 데가 없었다. 자신보다도 엄마를 위해 참고 버티는 그런 아들이 더 마음 아프고 측은해 보였다.

이런 일을 경험하면서 그동안 철없이 살아왔던 지난 시간을 되돌아보게 된다.

아파트의 편리한 시설에서 불편함 없이 사는 것이 당연하다고 생각했다. 지금 살고 있는 아파트도 수많은 인력들의 수고와 땀이 쌓여 이루어진 것이고, 안락한 생활을 할 수 있도록 단지를 조성해 놓은 것도 모두 저들 덕분인 것을, 이 편리함과 혜택에 감사했던 적이 있었던가. 그저 대가만 치르면 그만이라는 생각이 얼마나 큰 오만이며 이기심이었는지를 이제야 깨닫는다.

지금까지 아들이 지나온 길은 말 잔등처럼 매끄러운 길이었지만, 이제 가야 할 길은 험한 준령의 고갯길임을 안다. 한여름 눈밭 같은 길일지언정 높고 험한 산에 오를수록 보상이 뒤따르리라는 것을 알기에 아프지만 기다려 보려 한다. 어쩌면 우리를 감동시키는 것은 정원에 핀 화려한 꽃보다 사납게 몰아치는 칼바람 속에서 피어나는 작은 에델바이스 한 포기일 것이다. 시련 속에서 감동이 더 크게 다가오는 법이다. 삶을 안다는 것은 삶의 고통을 안다는 것이다. 아들도 이 시기를 보내고 나면 비로소 진정한 사회인으로 우뚝 설 것이다.

이곳 진달래도 모진 풍상을 이겨내고 이토록 아름답고 화려한 꽃을 피웠으리라,

한 해를 살아가면서 더 많은 곁가지를 키워내어 다음 해에는 더 풍성하고 찬란히 꽃을 피워 내지 않는가. 험한 일을 마다하지 않고 이겨 내보려는 아들의 의지를 더욱 높이 평가하고 싶다. 긴 세월 모든 시련을 딛고 화려하게 피어나는 진달래 꽃밭처럼 훗날 건설 현장 소장이 되든, 다시 음악인으로 돌아가 예술인이 되든 오늘의 시련이 성공의 자양분이었노라 말할 수 있을 것이다.

척박한 현장에서 한줄기 곁가지를 늘려가고 있는 아들이 생인손을 심하게 앓는 봄이다.

선물

올해 10월이면 내 나이 만 60세로 회갑을 맞이한다.

아들과 딸은 벌써 제주도 여행을 예약하고, 어떻게 하면 엄마에게 가장 기억에 남는 선물을 할 수 있을지 고민이 많다.

"엄마 갖고 싶은 게 뭐예요?" 딸아이가 묻는다.

갖고 싶은 거야 많지만 아이들 주머니 사정을 고려해야 하니 생각을 좀 해봐야 할 일이었다.

"명품 가방 하나 선물할까요?" 아니면 "목걸이가 좋을까요, 반지가 좋을까요?"

그러고 보니 친구가 회갑기념으로 자녀에게 받았다는

블링블링한 반지와 귀걸이가 은근히 부러웠다.

다른 친구 역시 C사 가방을 만지작거리며 아기 다루듯 하는 걸 보니 그것 또한 부럽기만 했다. 주위를 둘러보면 자식들이 결혼할 때나 회갑을 맞은 친구들이 명품 가방 하나씩은 들고 다니는 것 같다. 이번 참에 그동안 갖고 싶었던 명품 가방이라도 받아야 후회가 없을 것 같았다.

"명품 가방 하나 사 주면 좋지."

막상 대답하고 나니 애들한테 미안한 마음이 들었다.

둘 다 'My Way'를 주장하며 예술의 길을 걷다가 이제야 겨우 제 앞가림을 하고 있으니 모아놓은 돈이 없다는 걸 알고 있다.

많이 갖고 있지는 않지만 내 힘으로 이순이 된 나에게 가방 하나쯤은 서슴없이 사도 괜찮으련만 쉽사리 용기가 나지 않는다. 욕심을 한 번 두 번 채우기 시작하면 과소비가 되고, 자신도 모르는 사이에 습관이 될 것 같아 순간순간 찾아드는 소비 욕구를 억누르며 참아왔다.

이런 엄마의 마음을 아는지 두 아이는 어떻게 해서라도 엄마가 섭섭해하지 않고 흡족한 생일을 보낼 수 있도록 노력 중이다.

가족들의 회갑연에 가보면 그간 살아오는 과정이 보이기도 한다. 건강, 경제력, 자녀들의 성공, 훌륭한 인격 앞에서 아낌없이 손뼉을 쳐주기도 했다. 막상 내가 주인공이 되어 보니 일찍이 혼자된 몸으로 두 아이를 뒷바라지한 것밖에 없는 현실이 참 부끄러워진다. 아직도 미혼인 두 아이는 결혼에 대한 로망조차 없으니 손주 보기는 더욱 먼일 같다.

되돌아보면 그저 주어지는 대로 열심히 살았지 최선은 아니었나 싶다. 이순이 되면 그 사람 나름의 역사가 있어야 하지만, 이뤄놓은 것도 쌓아놓은 것도 없으니 보람을 느끼기에는 부족함이 많다. 이런 나를 축하해 주는 이들이 있어 몸 둘 바를 모르겠다.

회갑을 맞고 보니 축하를 받을 일만은 아니라는 생각이 든다. 오히려 그동안 신세 지고 위로받았던 분에게 이 기회를 통해 감사해야 하는 것이 도리인 것 같았다. 다행히 불편할 만큼 부족하지도 않고, 회사에서든 집에서든 제 위치를 놓지 않고 살아갈 수 있는 것도 사랑하는 그분들 덕택이었다. 내게는 그런 조력자가 두 분이나 계신다.

항상 든든한 버팀목이 되어 주고, 삶의 방향을 제시해 주고, 존경받는 삶의 태도를 몸소 보여준 고마운 두 분이 계셨기에 지금의 이 자리가 행복할 수 있었다.

아무리 수명이 길어졌다 하더라도 내일을 보장하기란 쉽지 않다. 지금이 아니면 앞으로 내 의지대로 할 수 있는 날이 얼마 남지 않음을 알기에 이렇게 건강하고 힘이 남아 있을 때 마음의 뜻을 전하고 싶었다.

그래서 작은 이벤트를 준비했다. 정성이 담긴 편지와 선물을 보내기로 했다. 생각 같아서는 부부 여행을 보내 드리고 싶었지만 코로나19로 인하여 연로하신 분들이 혹여 감염되지 않을까 염려가 되어 마음을 바꿨다. 무엇이 좋을까. 선물을 받아도 부담스럽지 않고 사용하기에도 편리할 것을 생각하다 보니 감촉도 좋고 좋은 꿈자리를 만들어 줄 따뜻한 침구가 떠올랐다. 양모 이불 세트를 보내면서 마음이 한껏 달떴다. 곱게 싼 이불 속에 담긴 나의 마음이 양모의 따뜻함처럼 그 가정에 포근한 사랑으로 피어나길 염원했다.

두 분이 뜻밖의 선물을 받으시고 행복해하시는 모습을 보면서 오히려 내가 큰 선물을 받은 기분이었다.

아이들과 함께한 10월의 제주도는 비자림 숲길부터 해안도로까지 생일을 축복하듯 빛으로 감싸주었다. 내 생애 최고의 추억이 되었던 날, 내년에도 여행을 꿈꾸고 있다.

20대 시절, 친구들과 찻집에 앉아 양희은의 「아름다운 것들」을 들으며 고민을 토로하고 희망을 찾던 그 시절이 엊그제 같은데 지천명을 넘어 이순을 맞이했다. 앞으로 내가 살아보지 못한 나이를 가늠해 본다. 내가 그린 그림대로 살아갈 수는 없겠지만 내가 살아갈 이유는 분명 있을 것만 같다. 미래를 생각하면 마음도 젊어진다.

이순이란 나이를 특별하다고 생각하지 않기로 했다. 삶에 의미도 굳이 부여하지도 않으려 한다. 지금까지 살아온 것처럼 자식들이 보내주는 따뜻한 미소가 있고, 몸과 마음과 정신이 건강하게만 살아갈 수 있다면 그것이 축복이라 생각한다.

빛바랜 영상

유채꽃이 만발한 꽃길에서 딸아이가 카메라를 내 얼굴 가까이 가져다 대며 촬영에 여념이 없다. 모 영화제에서 공모하는 24초 영화제에 출품할 예정이란다. 딸은 단 1분도 안 되는 영상을 찍기 위해 따가운 햇볕을 받으며 온종일 종횡무진 뛰어다녔다. 원하는 컷을 얻을 때까지 수없이 셔터를 눌렀다. 엄마를 모델로 하다 보니 푸짐한 몸매가 자꾸만 거슬리는지 각도를 바꿔가며 포즈를 요청한다. 그만하자고 만류해도 집념 강한 딸을 이길 도리가 없다. 덕분에 유채꽃밭을 원 없이 누볐다.

수많은 영상 중에 가장 행복한 영상은 결혼식 영상이 아닐까 한다.

얼마 전 조카의 결혼 영상을 언니 가족과 함께 보았다. 예식이 시작되기 전 신부대기실에서 대기하고 있는 백옥 같은 신부의 우아하고 단아한 모습에서부터 결혼식을 마치고 퇴장하는 모습까지 담겨 있는 영상은 한 폭의 화보였다.

오가는 하객들의 말소리가 들리고, 혼인식을 알리는 사회자의 말에 발맞춰 촛불 점화하는 양가 어머니의 모습, 신랑 신부의 화려한 입장, 성혼선언문을 낭독하는 성스러운 모습, 아름다운 예물 교환, 폐백을 올리는 신랑 신부에게 덕담하는 형부의 애틋한 모습까지 모든 순간이 생생하게 담겨 있어 감회가 새로웠다. 이 모습 그대로 조카의 아름다운 삶이 이어가길 염원했다.

나의 결혼식 비디오를 꺼내 본다. 86년산 비디오테이프가 35살을 넘었다. 비디오 상자부터 예스러움이 묻어났다. 그동안 먼지를 많이 먹고 있었다. TV에 비디오에 연결하니 우리의 빛바랜 영상에서 결혼식 장면이 나왔다. 비디오 아래에는 86. 4. 23. 결혼식 날짜도 보였다. 남편 스승님이신 주례자 앞에 앳된 두 사람이 긴장된 모습으로 서 있다. 당시 남편이 28세, 내가 27세, 내가 이제 이순에 접어들었으니 우리의 삶의 궤적만큼이나 비디오도 세월의 더께를 쌓아가고 있었다. 화질은 다소 떨어졌지만, 그 날의 행복했던 추억을 떠오르기에 충분했다.

결혼식을 마치고 떠난 신혼 여행길은 감미로웠다. 비행기를 타고 가며 두 사람은 겁없이 약속했다. "우리 이담에 10년에 한 번씩은 가족과 함께 여행하자." 이 약속을 누군가가 듣고 시기하고 있음을 철부지 두 남녀는 전혀 몰랐다.

유채꽃이 흐드러진 제주의 따사로운 봄 햇살 아래 아이보리 원피스와 그가 선물해 준 플라워 모티브 보석 목걸이가 반짝였다. 나의 손을 마주 잡은 그의 손목의 메탈시계는 우리의 영원한 사랑을 위한 징표였다. 바다색을 닮은 하늘색 셔츠를 커플룩으로 입고 하늘과 바다가 선사하는 빛 속에서 제주 바닥을 누볐다. 천지연폭포, 성산 일출봉, 산방산, 용머리 해안, 정방폭포에서 추억을 기념하는 사진들이 비디오 속에 고스란히 담겨 있었다.

비디오는 여기까지였다.

이제는 빛바랜 비디오 속 부모님들은 모두 아니 계시다. 부모님을 따라 남편도 따라갔다. 남편은 신혼여행 때 했던 약속을 두 번도 지키지 못했다.

사랑은 떠난 후에야 그 깊이를 알게 한다. 내게 첫사랑을 선물로 주었던 그였다. 투병 중 창백한 얼굴 위로 흐르는 눈물의 의미를 알기에 그를 놓아줄 수가 없었다.

아무것도 해 줄 수 없는 나는 밤낮 눈물로 기도하는 것밖에 없었다. 그가 없는 세상이 얼마나 두려웠는지, 얼마나 무서웠는지. 그를 지켜 달라고 단 한 번만 도와 달라고, 누워만 있어도 좋으니 생명만 연장해 달라고 목놓아 울며 기도했다. '그것은 운명이노라.' 하나님도, 믿음도 모두 저버렸다. 믿음은 배신을 낳고 배신은 눈물이 되어 나의 중년을 멈추게 했다.

내가 아파할까 봐 울지도 못했던 그 사람, 끝내 참지 못하고 흐르는 눈물을 차마 닦아 줄 수 없었다. 그가 온전히 꺼내 놓은 눈물의 의미는 '우리의 슬픈 이별이 우리의 운명이라 해도 너를 사랑할 거야. 언제든 네가 원하는 그 자리에 내가 서 있을게.'

지키려 애썼던 지난날의 약속을 마지막 눈물로 대신한 걸 안다. 이승을 넘어가야 할 시간이 가까워질수록 애를 쓰는 처절함 앞에서 나는 실신하고야 말았다.

만선을 꿈꾸며 바다로 떠나려던 배가 뭍에서 멀리 가보지도 못하고 닻을 내릴 수밖에 없었던 남편의 맘은 어떠했을까.

그를 보내고 내가 나를 아프게 하며 눈물을 만든 시간이 어언 이십여 년이다. 이별이란 사랑의 끝이 아니라 평행선이 되는 것이다. 서로 닿지 못할 뿐, 영원한 동행이다. 내 비어 있는 반쪽을 그리움으로 채우며 살다 보니 지금도 부르면 환하게 웃으며 나타날 것만 같다. 훗날 당신 곁으로 돌아가 마주하는 날에는 부

끄럼 없이 살다간 나를 꼭 안아주겠지,

한 컷 한 컷 지나가는 소중했던 단편들, 함께 했던 시간이 그립고, 그리워도 돌아갈 수는 없지만, 그가 남긴 비디오를 보면서 남아 있는 가족들은 희망 가지고 살아갈 수 있었다.

빛바랜 비디오는 해가 갈수록 가족들을 하나둘씩 지워 버린다. 이제는 데모 테이프로 남아 언젠가는 우리의 사랑도 흔적으로만 남아 있을 것이다.

남은 우리 가족은 다시 그 뒤를 이어 새로운 모습들을 카메라에 담는다. 새롭게 만들어가는 온전한 테이프에는 아이들로 하여금 꽉 찬 양배추처럼 단단하고 촘촘하게 편집해 나갈 생각이다.

드디어 영화제 공모전 발표하는 날이다.

"엄마, 나 공모전에서 입상했어, 다음 주에 시상식에 참석하라는 연락이 왔어,"

딸아이의 목소리가 휴대폰 안에서 달뜬다.

"축하한다. 딸, 수고했어."

며칠 후면 딸아이의 시상식 장면이 한 컷의 영상으로 이 테이프에 기록될 것이다.

인절미 한 접시

지금, 들녘에는 봄이 기지개를 켜고 밭에는 푸른 완두콩 싹을 내밀고 있다. 잔설이 녹고 겨울의 냉기가 가실 무렵이면 농촌에서는 맨 먼저 완두콩을 파종하면서 본격적인 농사가 시작된다. 완두콩은 기온이 조금 높으면 2주 만에 싹이 올라오고 기온이 낮으면 3주 이상 걸리기도 한다. 대개는 5월 초에 꽃이 피면서 6월 초순에 수확하게 된다. 올해는 냉해를 입은 탓인지 5월이 되어도 꽃은커녕 줄기도 제대로 성장하지 못하는 것 같다.

봄이 무르익어 갈 무렵, 시장을 둘러보는데 어느새 파릇파릇한 완두콩이 좌판 소쿠리에 소복하게 담겨 있었다. 반가운 마음에 얼른 완두콩 한 소쿠리를 샀다. 손에 만져지는 촉감이 단단하기도 하거니와 보기만 하여도 입맛이 살아나고 건강해지는 느낌이 들었다. 집에 와 콩을 까보니 탱글탱글한 것이 여간 실한 것이 아니었다. 푸른 껍질 속 촘촘히 들어앉은 모양새에 한 번 반하고 매끄러운 촉감에 또 한 번 반했다.

밥솥에 완두콩 한 움큼을 집어넣었다. 저녁밥 끓는 냄새가 온 집안에 달콤하게 퍼진다. 뜨거운 완두콩 밥을 한 숟가락 먹으니 달달하면서도 부드러운 맛이 일품이다. 콩 중에 완두콩을 가장 좋아해 이맘때면 육거리 시장에 들러 완두콩을 한두 망태기씩 들고 와 모두 까서 소분하여 냉동실에 보관했다가 다음 해 봄까지 먹는다. 여러 가지 요리에도 고명으로 사용되는 완두콩은 연둣빛 색감부터 입맛을 돋우어 주기 때문인 것 같다.

어린 시절, 푸르스름한 완두콩 고물을 묻힌 인절미를 유난히 좋아했던 나는 어머니를 많이도 힘들게 했다. 그래도 먹고 싶어 하는 자식을 위해 당신의 몸살도 마다하지 않으시고 정성을 다해 주신 어머니이시다.

손수 농사지은 찹쌀이 완두콩 인절미로 되기까지 과정은 얼마나 많은 땀과 수고가 깃들어야만 하는가, 딸을 위해 찹쌀을 물에 불리는 어머니의 사랑은 눈물겹도록 푸르렀다.

완두콩 고물 인절미가 완성되기까지는 긴 시간이 필요했다. 우선 찹쌀을 물에 충분히 불려야 한다. 아울러 말린 완두콩을 맷돌에 듬성듬성 타서 미지근한 물에 불린다. 거칠게 탄 완두콩이 퉁퉁 불면 거피를 벗겨 내고 알곡만 채반 위에 깔고 충분히 익힌 다음 식혔다가 절구에 찧으면서 수시로 체에 걸러 내면 고소하고 부드러운 완두콩 고물이 비로소 완성된다.

다음으로 불린 찹쌀을 시루에 안치고 소금물을 뿌려 푹 찐다. 쪄낸 뜨거운 찹쌀을 절구에 넣고 쌀알이 다 다져지도록 계속 쪄야만 한다. 긴 절구통 방망이에 하얀 떡이 쩍쩍 달아오를 때까지 절구질은 계속되어야만 했다. 그 어떤 시집살이보다 맵고 고된 과정을 거쳐야만 목 넘김이 부드럽고 씹을 때 쫄깃쫄깃한 맛이 있어 좋다. 드디어 곱게 찧은 하얀 속살을 한입 크기로 잘라서 준비해 놓은 완두콩 고물에 묻히면 비로소 인절미가 완성된다.

인절미 한 접시를 완성하는데 온종일 수고를 해야만 했던 그 시절이다. 온 식구가 모두 모여 따끈하고 달콤한 인절미를 물김치와 함께 먹는 행복이란 생각만 해도 입가에 미소가 절로 난다. 어머니의 정성과 손맛이 가득한 완두콩 고물 인절미는 그 어떠한 떡보다 환상적인 맛이었다.

지금은 모두 사라져 버린 찰벼 배미와 완두콩을 심었던 텃밭에는 어머니를 향한 그리움만이 남아 있다.

완두콩 인절미를 좋아했던 나를 내 딸이 똑 닮았다.

완두콩 철이 오면 으레 어머니의 인절미 얘기가 빠지지 않자 딸아이가 먹어보고 싶다고 했다.

어깨너머로 보았던 어머니의 손맛을 용기 내어 시도해 본았다.

마른 완두콩 대신 풋완두콩을 찜통에 찌어 절구에 빻았더니 수분이 많은 탓에 앙꼬처럼 뭉치기만 했다. 다시 앙꼬를 전기 팬에 깔고 약간의 소금과 설탕을 넣고 약한 불로 저어주면서 수분을 날려 주었더니 다행히도 푸슬푸슬한 고물이 완성되었다.

어느 정도 뽀송뽀송해진 고물을 쟁반에 식힌 다음 고물을 얼레에 내려서 준비해 놓았다. 다음으로 찹쌀가루를 김이 오른 찜솥에 15분가량 쪄냈다. 찐 찹쌀을 주물러 각을 만들어 적당히 써니 모양이 울퉁불퉁 제각각이다. 썬 찰떡을 완두콩 고물에 묻히니 색깔이 곱지는 않지만, 그런대로 푸르스름한 인절미가 완성되었다. 어머니 흉내만 낸 인절미는 모양도 맛도 그 옛날 인절미가 아니었다.

떡을 한입 문 딸아이가 처음 먹어보는 맛이라며 한 접시를 금세 비웠다. 행복한 얼굴로 즐겁게 먹는 모습을 보니 그래도 어미 노릇 한 것 같아 흐뭇했다.

딸아이가 맛있다는 건 재료의 맛보다도 엄마의 손맛과 사랑을 함께 먹었기 때문이란 걸 안다.

어머니는 자식을 향한 첫 번째 사랑 표현을 떡으로 하셨다.

객지에 갔던 자식이 와서 하루를 묵으면 두부를 해 주시고, 이틀을 묵으면 떡을 해 주고, 사흘을 묵으면 술을 빚어 주시던 어머니의 마음은 언제나 변함이 없었다.

유난히 입이 짧았던 남편은 어머니의 인절미를 잊지 못했다. 신혼여행을 갔다가 집에 도착하니 어머니는 불려 놓은 찹쌀로 밤이 늦도록 분주하게 움직이시더니 따끈따끈한 인절미 한 접시를 내오셨다. 남편은 그 정성에 얼마나 감동했는지 살아가면서 내게도 어머니의 정성을 반만이라도 닮길 원했다.

요즘 떡집에 가면 알록달록 먹음직스러운 각종 떡이 넘쳐나지만, 소화력이 떨어지고 자꾸만 생목이 올라 잘 먹질 않는다.

그 옛날 엄마의 정성이 깃든 떡 한 접시는 그냥 떡이 아니었다. 그것은 끝없는 사랑이었다.

잃어버린 봄을 찾아서

시린 겨울이 지나고 바다 건너온 봄은 어디론가 사라지고 말았다. 봄은 왔건만 사람들은 갈 곳을 잃었다. 코로나19가 창궐한 지 4개월째로 접어들었다. 국내 확진자가 벌써 수천 명을 넘어섰고 사망자도 백여 명을 넘기고 있다. 사태가 불길처럼 번지고 있지만 백신 개발 외에는 마땅한 대책을 내놓지 못하고 있다. 하루빨리 백신이 개발되어 이 두려움에서 해방되었으면 하는 마음이 간절하다. 바이러스 확산방지를 위해 '사회적 거리 두기' 운동이 펼쳐진 지 한 달이 넘었다. 학교마다 연기 또 연기 유아원에서 대학교까지 모두 재택수업으로 전환되고 원격수업으로 이루어지고 있다. 이 전쟁이 언제 진정세가 보일지 캄캄하기만 하다.

매년 봄마다 열리던 꽃 박람회도 모두 사라지고, 해마다 잔치를 벌였던 지역 특산물 축제를 비롯하여 각종 문화행사까지 대부분 취소된 요즘이다. 그래도 가뭄에 콩 나듯 몇몇 지역에서는 몇 달 전부터 심고 가꾼 꽃들을 선보이기 위해 꽃 잔치를 열었다. 코로나19가 진정세를 보이자 봄의 대명사인 유채꽃이 한창이라는 소식을 듣고 옥천으로 향했다.

옥천 금강 친수공원에는 이만 평 부지에 유채꽃이 만발하였다. 푸른 강물에는 윤슬이 반짝이고 수변에는 샛노란 유채꽃이 봄 무대를 장식했다. 어디를 돌아봐도 눈부신 자연이 마음의 문을 활짝 열어 놓았다. 이른 봄부터 기다리고 있었던 꽃들은 시가 되고 문장이 되어 내게로 왔다.

어릴 적 한참 뛰어놀다가 목이 마르면 꽃대궁이 길게 올라오는 유채의 통통한 대를 꺾어 껍질을 살짝 벗겨 씹어 먹으면 매콤하면서도 달짝지근한 즙이 갈증을 해소했다.

유채에는 유년의 달콤함이 깃들어 있다. '하루나'라고도 불렸던 유채는 봄이 오면 상큼한 햇나물이 되어 밥상에 올랐다. 어머니는 한 뼘 정도 자란 유채를 뜯어다 겨우내 묻어 두었던 무를 꺼내 나박나박 썰어 유채와 함께 갖은양념에 버무려 상에 올렸다.

하얀 쌀밥 위에 유채 겉절이 한 잎 올려 먹으면 봄 향기가 입안에 가득 고였다. 김장김치가 물릴 즈음이면 유채 김치는 잃어버린 입맛을 되찾아 주었다.

유채가 어느 정도 자라면 노란 꽃을 피운다. 꽃을 보면 내 마음도 따라 피어났다. 노란색은 심리적으로 희망과 명랑한 기분을 가져다준다. 봄의 전령사인 산수유와 개나리, 유채꽃을 보면 초등학교 입학을 앞둔 내게 언니가 사다 준 연노랑 원피스와 예쁜 공주 얼굴이 그려져 있는 노란색 책가방을 기억나게 했다. 노란색은 언니의 사랑을 평생 품고 살게 하고, 노란색 옷을 입은 사람을 보면 가만히 있어도 그 사람에게서 발랄하고 밝은 에너지를 느꼈다.

빈센트 반 고흐 작품에서는 노란색을 특히 많이 볼 수 있는데 해바라기뿐만 아니라 그림의 배경에도 노란색으로 칠했고, 탁자와 화병을 한 가지 색으로 색칠하여 해바라기꽃을 더욱 강조했다. 고흐 자신이 가장 행복했을 때에도, 가장 힘들었을 때도 노란색을 많이 사용했다. 노란색은 그의 삶에 있어서 열정을 대변해준 색이었다고 한다.

이 광활한 유채꽃밭에서 그간 힘든 시간을 보내고 있었던 사람들이 잠시나마 꽃에 위안을 받고 기운을 받으며 모두가 활기를 찾는다. 마스크로 입과 코를 가렸지만 두 눈만은 나비처럼 훨훨 날아다녔다. 그동안 거리 두기로 외로웠던 생활에 커다란 보상이라도 받은 것처럼 발걸음도 가볍다. "아, 참 좋다, 좋아. 정말 잘 왔어." 이 자연이 모두 내 것인 양 사람들의 입에서 연신 좋다는 말이 터져 나온다. 사람들은 꽃과 대화를 하고 교감을 나누고 있다. 자신의 심신과 소통하기에 자연만큼 좋은 곳은 없는 것 같다. 유채의 매력에 흠뻑 빠진 사람들 모두가 봄 무대 위의 주인공이었다.

휴식은 재충전을 위한 보약이다.

우리 몸은 매 순간 자신에게 쉬라고 말을 걸고 있는데, 그것을 무시하다 보면 몸도 내 말을 무시하기 시작한다. 그 소리를 모른 척 계속 무시하다 보면 몸은 병으로 대답한다. 가끔은 내 몸이 걸어오는 말들을 들어줘야 탈이 안 나는 법이다.

나 또한 몸이 걸어오는 말을 제때 듣지 않아서 한때는 병원 신세를 져야만 했다. 그로 인해 한창 학업에 정진할 시기인 아들에게 큰 짐을 지게 했다.

지금의 내 모습은 어느덧 상아색 소녀시대를 지나 샛노란 청춘을 보내고 이제는 황갈색으로 되어간다. 삶의 시기마다 나의 자리를 찾으려 무던히도 애쓰며 살아왔던 것 같다. 삶이 치열할수록 나의 색깔은 진하게 물들어 갔다. 뜨겁고 차가울수록 단풍이 곱듯이 아무리 힘든 삶이라도 찰나의 행복은 언제나 아름다운 빛깔로 물들였다.

되돌아보면 색은 같았지만, 다른 빛깔로 살아온 날들이다. 노랑은 노랑대로 상큼함을, 갈색은 갈색대로 부드럽고 차분함을, 황갈색은 그 나름대로 중후함으로 살아가게 하는 것 같다. 앞으로 살아가야 할 색은 또 어떤 색, 어떤 빛깔로 이어갈지는 두고 볼 일이다.

희망을 안고 찾아온 봄은 예기치 않은 코로나19로 잃어버린 봄을 주었지만, 그래도 자연만큼은 벗으로 남아 주었던 하루였다.

부모님 산소를 이장하며

한식이 다가오자 잠들었던 온갖 초목들이 생기를 더해간다. 개나리, 진달래, 산 벚꽃이 울긋불긋 새봄을 수놓기 시작했다. 한식을 맞아 부모님 산소 앞에 서니 가신 지가 이십여 년이 지났는데도 봄날처럼 따뜻했던 모습이 선연하게 다가온다.

산소에 다녀온 며칠 뒤, 큰 오라버니로부터 부모님 산소를 이장한다는 뜻밖의 연락을 받았다. 아버지가 돌아가셨을 때 지관을 불러 지금의 묫자리가 명당이라 하여 모셨는데 다시 이장한다니 의아했다.

배산임수로 풍수가 좋고 토질과 토색이 더 좋은 명당

자리가 있어 조부모님과 백부모님, 부모님까지 한곳으로 이장하기로 했다며 종손자이신 사촌 형님과 이 계획을 세우셨다고 했다.

지금 계신 부모님 산소는 나지막한 양지바른 곳이다. 시내 근교에 있어서 진입하기도 수월하고 오가며 자동차로 달리면서도 훤히 보이는 곳이라 그곳을 지날 때면 부모님의 산소를 바라보며 눈인사를 드리곤 했다.

윤달도 아닌 평 달에 서두르시는 이유가 무엇인가 궁금했지만, 집안의 큰 어른이 하시는 일이니 더 이유를 묻지 않았다.

평일이라서 출근을 해야 했기에 이장하는 날엔 가보지 못하고 다음 날 새로 모신 산소에 갔다. 산소는 전에 있던 산소 자리보다 훨씬 더 높은 산 정상 가까이에 모셔져 있었다. 산소까지 오르는데도 숨이 목까지 차오르고 다리가 후들거렸다. 산소 아래로는 깎아지듯 한 벼랑이 있어 현기증마저 일어났다. 게다가 새로 조성해 놓은 곳은 어찌 된 일인지 망주석 하나 없고 봉분도 활개도 없이 조부모, 백부모, 부모님 비석만이 촘촘히 자리를 잡고 있었다.

비석만 조촐하니 설치된 산소를 보니 자식으로서 죄를 지은 것 같아 죄송했다. 그래도 이곳이 명당이라고 하니 그런가 보다 했지만 내심 속이 상했다. 오라버니 말처럼 멀리서 달려온 용맥이 마지막 기봉처 부분에 자리하고, 좌향은 회룡고조형으로 조산을 바라보고 있다 하니 그것으로 위안을 삼을 수밖에 없었다. 조상님을 한 곳으로 모두 모셔 좋긴 했지만, 산꼭대기 벼랑 끝에 모신 것 같아 자꾸 마음에 걸렸다.

오라버니에게 산소까지 오르려면 데크 계단이라도 설치해야 하겠다고 하니 오라버니는 걱정 마라 하며 일침을 놓았다. 산소가 기봉처 높은 위치에 자리한 곳이라서 사방으로부터 불어오는 바람의 영향을 받아 기운이 기봉 중심에서 사방을 돌며 왕성할 것이라 했다.

주위를 둘러보니 그런 거 같기도 하고 아닌 것 같기도 했다. 눈 닿는 곳마다 진달래가 한창인데 마음은 한겨울이다.

한참을 부모님 묘비 앞에 서서 산 아래를 내려다본다. 아버지가 고향 집 큰 대문을 열고 들어오시며 인기척하는 소리가 들려오는 듯하다. 아버지의 인기척하는 소리가 들릴 때마다 형제들은 마음과 키가 자랐다. 단 한마디의 훈육에도 순종이 미덕이었을 만큼 곁길로 가지 아니했다. 동리에서 논마지기나 부치는 우리 집은 '빨간 기와집' 하면 모두가 부잣집이라고 입을 모았다. 평생을 자식을 바라보시며 늘 살피셨던 부모님은 작고하신 다음에도 전답을 자식들의 고달픈 살림에 도움을 주셨으니 그 은혜가 너무도 크다. 이 험한 세상에서 아무 조건 없이 내 편이 되어 주는 사람이 또 누가 있을까! 농사를 지으시며 어떻게 7남매를 모두를 고등교육까지 시키셨는지, 자식이 실망하게 해도 묵묵히 기다려 주신 부모님이시다. 특히 둘째 오라버니가 지병으로 평생을 마음 아프게 사셨다, 농사가 많다 보니 다른 사람들의 몇 배의 일을 해내야 했으며, 평생을 좋은 옷, 좋은 음식, 좋은 곳 한번 제대로 누리지 못하시고 저세상으로 가신 부모님이셨다. 살아생전 늘 '열심히 살라'고 하셨는데 돌아보면 무언가 아버지의 뜻대로 살지 못한 것 같아 죄송한 마음이 든다.

어머니의 세월 속에 멈춰진 삶들이 지금도 생생하게 떠오른다. 방학이 되면 어머니는 신병으로 몸이 좋지 않은 둘째 오라버니를 위해 기도원에 가셨다. 나는 어머니를 따라 가끔 기도원에 따라 갔다. 어머니는 토굴 같은 기도실에서 자리를 잡고 오로지 둘째 오라버니의 건강을 위해 간절히 기도했다. 밤이 깊도록 어머니의 기도는 끝이 나지 않았다. 기도하는 어머니 옆에서 나는 기도 보다는 명의를 찾아가 치료를 받는 게 훨씬 효과가 있지 않을까. 하는 생각을 한 적도 많았다. 어머니는 모든 게 신의 뜻이라고 믿고 그 뜻을 오라버니의 건강했던 모습으로 되돌아가길 염원하셨다. 답답하고 속 타는 그 마음을 무엇으로 표현할 수 있었을까. 그저 기도만이 그 마음을 채울 수밖에 없었을 어머니였다.

밤낮을 가리지 않고 무릎 꿇던 어머니의 무릎은 낙타의 무릎

이 되었다. 모래바람이 심한 사막을 걷는 낙타와 같은 심정으로 평생을 살아오셨다. 낙타는 모래 폭풍이 불 때면 무릎을 꿇고 긴 시간을 인내로 기다린다. 결코 되돌아가는 법이 없다. 낙타와 같은 어머니의 두 무릎을 보며 자식들도 인내와 사랑을 배웠다. 어머니의 기도에 힘입은 둘째 오라버니는 지금은 장로님으로 세 손주의 할아버지로 건강한 삶을 살아가고 계신다.

어머니의 자식들은 그 따스함을 고스란히 자신의 자식들에게 돌려주며 살아가고 있다.

집안의 종손인 사촌 큰오라버니는 작은아들의 평탄치 못한 삶으로 애면글면 살아가는 것을 보면 마음이 늘 무겁다. 작은며느리를 들이고 15년 만에 병으로 떠나보냈다. 아내의 상처가 깊었던 탓인지 작은아들마저 젊은 나이에 파킨슨병으로 요양원에서 연명치료를 하고 있다. 그러고 보니 큰댁의 4남매 자식들의 삶은 모두가 평탄치가 않았다. 사촌 조카들의 이혼과 자부의 사별은 종손의 마음을 무던히도 무겁게 했다. 마침내 이 모든 탓이 조상묘를 잘못 모신 탓이라 여기며 기어이 이장하게 된 연유를 알게 되었다. 정말이지 산소를 좋은 곳에 모시어 후손이 잘된다면 더 바랄 게 없을 것만 같다. 사촌 오라버니의 간절한 마음을 조상님께서 너그러운 마음으로 받아 주셨으면 한다.

부모님은 지금 누워 계시는 자리는 편안하신지, 대답을 들을 수가 없으니 그저 마음이 대답하는 대로 들을 뿐이다.

부모님의 온기만 있어도 세상 부러운 것이 없었던 지난날, 부모님이 너무도 그립다.

조상의 명당과 흉당은 따로 없다고 생각한다. 다만 명당이라 불리는 곳은 그 자손들이 세상을 살아가면서 선한 영향력을 주는 조상의 묘는 명당이 되고, 그렇지 않고 세상에 해를 끼치고 악한 자로 살면 조상의 묏자리는 흉당이라 일컫게 된다고 본다.

올해 이장하신 부모님의 자리가 명당이 되길 바라는 마음으로 이룹고, 의로운 삶으로 살아가도록 다짐을 한다.

2
잡히지 않는 것들

“

늘 주인공을 부러워했던 나는 글을 쓰기 시작한 다음부터 그 편협한 사고방식에서 벗어날 수 있었다. 지난날들을 돌아보니 남들과 비교하면서 내 스스로가 비극의 주인공을 자처했던 것이다. 그제야 내가 보이기 시작했다. 배우가 아닌 관객으로 사는 것이 진정 행복하다는 것을 알았다.

”

황금빛 겹황매화

울안에 심어 놓은 벚꽃은 이미 끝났으리라 짐작하고 햇볕이 따사로운 봄날에 고향을 찾았다. 지난해에도 석가탄신일을 얼마 남겨두지 않고 고향을 찾았던 적이 있었지만, 5월 초순에 만난 겹황매화는 기억을 가득 담은 채로 방울방울 꽃봉오리를 터트리고 있었다.

늦게까지 피어난 봄꽃들 덕분에 생각지도 못한 선물을 받은 기분이 들었다.

이곳저곳 고향 집 울안을 둘러볼 때마다 몸속에서 유년의 추억이 되살아났다.

겹황매화를 보고 있노라면 내 마음에 노랑나비가 가

득 날아다니는 것 같아 저절로 덩실거린다. 대부분 후미진 담 밑이나 울타리 한 모퉁이에 자리한 꽃은 그래서 더 소박하고 정겹다.

어린 시절 시골집 바깥마당에는 황금빛 황매화나무와 탱자나무가 울타리를 대신했다. 황매화꽃은 옆집까지 번져 마당을 온통 꽃 대궐로 만들었다. 탱자나무의 밀집된 큰 가시넝쿨 사이로 내민 탁구공만 한 탱자가 은은한 향기를 풍겨 좋았다. 마을에서 가장 넓은 마당을 차지한 우리 집은 아이들 놀이터였다. 숨바꼭질에 술래의 눈을 피해 매화나무 속으로 들어가 숨을 죽이고 있노라면 푸른 매화나무 가지 잎사귀와 꽃향기가 폐부 깊숙이 가득 찼다.

겹황매화는 아주 오래된 추억 속의 꽃이다. 크지도 않은 노란 방울 같아 더 아련하고 숭고함마저 든다. 아직도 그 겹황매화는 넉넉한 품으로 뜰을 지키고 있었다.

겹황매화는 조건을 따지지 않고 무성하리만치 잘 자란다. 양지든 음지든 궂은 날씨에도 강하고 이식도 잘되어 포기를 적절히 나누어 심어 놓으면 금세 잘 퍼진다.

늘어진 매화나무 사이로 그날, 상갓집 하 노인의 막내아들이 떠오른다.

마당 끝에 서면 산비탈 아래 언덕 아래 '하 노인'이 살았던 집터가 보인다. 성이 하 씨라서 동네 사람들은 그렇게 불렀다.

하 노인 집은 봄이면 노란 황매화가 담을 이루었다. 그러나 아이들이 함부로 범접할 수 있는 집은 아니었다. 하 노인은 성격이 괴팍하고 무섭기까지 했다. 팔십을 넘긴 노인은 마치 반지의 제왕에 등장하는 골룸처럼 괴기스러웠다. 작고 깡마른 몸에 머리는 완전 민머리로 외계인 같아 보였다. 심하게 굽은 허리는 늘 지팡이 하나로 지탱하며 잰걸음으로 온 동네를 누볐다. 마을 우물가에서 아이들이 놀고 있으면 우물물이 오염된다며 지팡이를 휘둘러 모두 쫓아내곤 했다. 아이들은 저쪽에서 하 노인이 나타나면 단숨에 숨어 버렸다.

일 년이 지나고 이 년이 지나도 누구 하나 찾아오지 않은 쓸쓸한 노인의 집에는 여름이면 겹황매화만이 흐드러지게 피어났다. 그런 하 노인의 집에 어느 날 조등이 걸렸다. 발길이 끊겼던 노인의 집에 가족과 친척들이 모여들었다. 마당에는 천막이 설치되고 상여가 차려지고 동네 아낙들은 음식 준비에 바빴다. 일 년 내내 조용하던 마당은 그제야 활기를 찾았다. 살아생전 노인을 찾지 않았던 자식들은 노인이 죽고 나서야 모두 모였다.

이틀 뒤 발인이 시작되었다. 앞산 장지로 떠나가는 상여 뒤를 아이들도 뒤따랐다. 상여를 맨 상두꾼들이 요령 제비의 상엿소리에 발맞추어 우물가를 벗어났다. 상복을 입은 상주들은 그동안 못 다 한 효를 반성이라도 하듯 곡을 하며 뒤따랐다. 그중에서도 하 노인의 죽음을 누구보다도 슬퍼하며 곡하는 사람이 있었다. 그의 통곡하는 모습을 보는 동네 사람들도 함께 눈물을 훔쳤다. 그는 바로 하 노인의 막내아들이었다. '아버지 불효자식을 용서하십시오.' 애끓는 소리는 장지에 도착해서도 그칠 줄 몰랐다. 그는 몸을 가누지 못할 정도로 회한의 몸부림을 쳤다. 애처로워 보였다

마지막 하관할 때였다. '저도 같이 갈래요 아버지.' 그는 광중해 놓은 구덩이 속으로 들어가려고 발버둥 쳤다. 모두가 달려들어 그를 말렸다.

'저 아들이 일본에서 산다고 하더니 이제야 왔나 보네' 동네 아주머니들의 말을 듣고 일본에서 살고 있다는 걸 알았다. 처절한 몸부림을 치는 그를 보면서 어린 나이에 처음으로 남자의 눈물을 보았다. 뜨거운 남자의 눈물을 보자 어린 마음에도 알싸한 무언가가 가슴에 들어왔다.

노인과는 이미지가 전혀 다른 아들의 하얀 얼굴에 눈물은 더 애절해 보였다.

장례가 끝나고 삼우제 날까지도 막내아들의 모습은 시든 풀잎처럼 연민이 일었다. 그가 떠난 후에도 금방이라도 울음이 터트릴 것 같은 절박한 그의 모습이 자꾸만 떠올랐다.

그 후 노인이 떠난 빈집은 아무도 살지 않은 폐허가 되었고, 시간이 지나자 집은 흔적도 없이 빈 땅으로 남아 있다. 지금도 집터를 표시하는 황매화만이 하 노인의 문패를 대신하고 있다.

이렇게 황금빛 황매화가 흐드러지게 피는 계절이 오면 궁금해진다. 그 막내아들은 지금쯤 어디서 무엇을 하며 어떻게 살고 있을까.

잡히지 않는 것들

오후 2시. 눈부심의 한도를 초과한 햇살이 바닷물을 덮었다.

강물은 가까이 있는데 반짝이는 윤슬은 멀기만 하다. 잡을 수 없는 줄 알면서도 유리알같이 빛나는 윤슬이 만지고 싶어 몸을 내밀며 더 가까이 다가가 본다.

초등학교에 입학해서는 새로운 세계에 진입해야 한다는 두려움과 불안함 때문에 매일 다가오는 아침이 그리 즐겁지만은 않았다. 학교 선생님을 아버지라고 부르는 깜찍하고 새침했던 부반장이 부러웠다. 그 애의 하얀 셔츠와 광택 나는 구두 앞에서 나는 언제나 주눅이 들었다. 초등학교 저학년까지만 해도 친구들과의 관계에 있어서 빛과 어둠이라는 양극의 경계를 허물지 못하고 어둠의 자식처럼 불안 속에서 서성였다.

사춘기 중학생이 되어서는 병원장의 딸인 친구가 부러웠다. 하얀 피부에 공부까지 잘하는 부르주아 앞에서 나는 늘 프롤레타리아로 맴돌아야만 했다. 담임 선생님에게 과외를 받는 그 애의 성적에 대한 비밀을 알았을 때 부의 계급장은 하나님만이 부여한다고 믿었다.

고등학생이 되자 신은 나에게 사랑이라는 선물과 시련을 함께 주었다.

첫사랑은 누구에게나 있을 것이다. 그러나 나에게는 짝사랑만 찾아들었다. 첫사랑이 이루어지는 친구를 많이 부러워했다. 다른 여자아이들에게는 통과의례처럼 찾아드는데 나에게는 짝사랑만 주는 운명의 신을 원망했다. 내가 한 사랑이란 그저 핸섬하고 인기 많은 선생님을 흠모하고, '아드린느를 위한 발라드'를 연주하는 음악 선생님의 하얗고 긴 손가락을 훔쳐보는 것이었다, 그 후로도 주기적으로 찾아오는 남자 선생님에 대한 짝사랑은 여고를 졸업하면서 일장춘몽으로 끝이 났다.

또 성년이 되어서는 외모가 출중한 사람이 부러웠고, 직급이 높고 연봉이 높은 사람 앞에서 나의 자존감은 점점 더 낮아져야 했다.

나이가 들어감에 따라 자신의 이름으로 된 집이 있고, 공부를 잘하는 자식을 둔 자모를 만나면 나의 어깨는 점점 작아졌다.

나에게는 찬란한 윤슬이 단 한 번도 내 것 인적이 없었다.

어려서는 새로운 학년에 적응해야 한다는 불안감, 청년이 되어서는 다른 사람이 가지고 있는 조건을 부러워하며 살아야만 했던 나의 메타포적 삶은 한 번도 우월감을 느끼지 못했다.

해외여행에서 본 수평선 위에서 반짝이는 윤슬, 그림처럼 펼쳐진 몰디브의 옥색 물빛, 지중해를 찬란하게 빛내던 모래사장, 대서양의 부서지는 포말, 단 한 번도 그 아름다운 것들을 소유할 수 없었다. 그것들은 잠시 내 곁을 맴돌았을 뿐 윤슬은 닿을 수 없는 수면 위에서 신기루처럼 일렁이는 그 아름다움은 내 것이 아니었다.

모든 기억을 품은 바다는 오랜 시간 동안 고요 속에서 반짝였다. 잡을 수 없는 윤슬과 마주하기 위해 경로를 이탈하고 싶었지만 그것은 언제나 불가능했다.

현실에서 수시로 다가오는 불안정한 위치가 늘 나를 외롭고 춥게 만들었다. 잡을 수 없는 것들을 잡으려 허우적거린 시간들은 나 스스로가 한 손에는 창을, 한 손에는 방패를 들고 내면과 부딪히며 승리 없는 싸움만 하게 했다.

늘 주인공을 부러워했던 나는 글을 쓰기 시작한 다음부터 그 편협한 사고방식에서 벗어날 수 있었다. 지난날들을 돌아보니 남들과 비교하면서 내 스스로가 비극의 주인공을 자처했던 것이다. 그제야 내가 보이기 시작했다. 배우가 아닌 관객으로 사는 것이 진정 행복하다는 것을 알았다.

모두가 배우 되려 하면 결국 아무도 배우가 아닌 게 된다.

배우는 상대의 마음을 진심으로 듣고 반응해 주는 사람이 있다면 그 단 한 사람을 위해 무대 위에서 최고의 퍼포먼스를 보여주게 된다. 주인공을 움직이게 하는 사람은 관객이다.

이제는 잡히지 않는 것들조차 그리움으로 보게 된다. 잡히지 않는 것들을 굳이 잡으려 애를 쓰지도 않는다. 그것은 포기가 아닌 여유이다.

디딤돌

개울을 건널 때 때로는 디딤돌을 딛고 건너야 할 때가 있다.

디딤돌에 발을 올려놓고 한 발 한 발 건널 때마다 발의 중심을 바로 잡아야 물에 빠지지 않고 건널 수 있다. 디딤돌은 위험한 순간에 안전하고 무사하게 건널 수 있도록 도와주는 고마운 존재이다.

그러나 물이 마른 계곡에 디딤돌은 걸림돌이 되기도 한다. 디딤돌은 놓여 있는 장소에 따라 처음부터 끝까지 걸림돌이기만 하거나 마냥 디딤돌이기만 한 예는 없는 것 같다.

한 기자가 무디에게 어떤 사람이 당신에게 가장 큰 걸림돌이 되냐고 묻자 무디는 "그 어떤 사람보다도 '무디'라는 작자 때문에 가장 골치를 썩고 있소."라며 지체 없이 대답했다. 이처럼 세상에서 가장 치열한 전투는 자신과의 싸움이다. 이런 싸움은 언제든지 덤벼들어 삶을 힘들게 하고 꿈을 포기하게도 한다.

내 안에 있는 또 다른 내가 꿈을 방해하는 나태함을 갖게 하고, 도전하려는 의지력과 집중력을 무너뜨리기도 한다. 나약한 정신력은 편하고 쉬운 것들과 늘 타협하려고만 한다. 이 나약함은 걸림돌이 되어 통제력을 잃게 하고 자기 계발을 저지한다. 이렇게 자신의 소중한 것들을 좌절시킨 장애물은 바로 나 자신이기 때문이다.

여기 인생의 장애물을 디딤돌로 딛고 성공한 사람들이 있다.

올해로 21대 총선 결과를 보았다. 특별히 몇몇 당선인들을 보면서 감회가 남달랐다.

어부와 해녀의 딸로 태어난 김oo 당선인은 14세 때 어머니를 잃고 가난으로 고1 때 학업을 중단해야만 했다. 사회에 첫발을 디딘 곳은 방직공장이었다. 이후 봉제공장과 잡화점 판매원 등으로 생계를 이어갔고, 그렇게 모은 돈으로 식당을 차렸다. 배움에 대한 갈망이 있던 김oo 당선인은 29세 때 법대 야간대학에 입학해 공부를 시작했다. 새벽 5시부터 자정까지 주경야독으로 노력한 결과 34세에 사법시험에 합격했다. 당선인은 이후 인권변호사로 활동하며 지역 언론의 주목을 받았다. 그녀는 세 아이를 둔 한 가정주부가 가정폭력에 시달리다가 남편을 살해한 사건의 국선 변호를 맡아 재판장에서 목소리를 높이기도 했다. 김 당선인은 15년간 국선변호사를 하면서 760건 넘게 변호했다고 한다. 열악한 환경 속에서도 17세 여공이 변호사가 될 수 있었던 것은 사회가 주는 기회의 평등과 공정이 디딤돌이었다 한다.

또 다른 한 사람, 경남 거제에서 승리한 서oo 당선인은 가정형편이 어려워 대학진학 대신 9급 말단 공무원으로 시작했다. 면서기가 첫 공직이었다. 그는 큰물에서 놀겠다며 6급 승진을 앞두고 8급으로 강등까지 하여 서울시청으로 전출했을 때 고졸에 9급 출신이라며 무시당하기 일쑤였다. 그는 실력을 갖추기 위해 방송통신대학 행정학과를 거쳐 연세대 행정대학원에서 석사를 취득한 뒤, 서울시립대학원에서 행정학박사를 취득하였다. 성실과 남다른 창의력으로 5급 사무관에 승진 후 청와대 총무인사팀에서 근무하였다. 그는 자기 계발을 위하여 끊임없이 연구하고 노력하는 그의 모습에 감동한 유권자들은 드디어 그를 선택해 주었다.

전남 화순 출신 양oo 의원은 여상을 졸업하고 삼성전자 반도

체 메모리 설계실 연구보조원으로 입사한 뒤 설계팀 책임연구원, 수석연구원, 부장 등을 거쳐 2014년 상무로 승진했다. 삼성전자 최초의 고졸 출신 여성 임원인 그녀는 6선을 걸머졌던 상대 후보자와 대결을 하여 당당하게 승리했다.

'고졸 신화'로 유명한 양 당선을 보며 '다윗과 골리앗'의 대결로 비유하기도 했다.

이들은 한결같이 열악한 환경과 조건이 걸림돌이었지만, 신념만은 그들의 디딤돌이 되어 성공할 수 있었다고 한다. 거센 물결 속에서 혼자의 힘으로 당당하게 승리한 그들의 집념과 열정은 사람들의 마음을 동요시켰고 그들이 더 큰일을 할 수 있도록 선택해 준 유권자들은 커다란 디딤돌이 되어 주었다.

나 역시 삶에서 만나는 모든 장애를 걸림돌이라 생각하고 불평과 원망의 눈으로 보지 않고 그것을 발판으로 재기와 도약의 발판으로 삼았다면 지금의 위치는 많이 달라지지 않았을까.

녹차 한 잔

가을이 산으로부터 온다면 봄은 들녘에서부터 온다. 빛은 두께를 더해가고 들은 풍경을 더해 갔다. 내 안에 한동안 겨울로 머물렀던 켜켜이 쌓인 티끌을 모두 털어내고 봄의 기운을 느껴보고자 생명의 요람을 찾아 나섰다. 남도를 향해 가는 내내 꽃신을 신은 듯 온몸이 가볍고 설렘으로 가득했다.

곡우를 앞둔 하동의 녹차밭은 산비탈 능선을 유려하게 휘감고 하늘까지 이어진 오선지 위에 서편제의 판소리 음악이 리듬을 타고 춤추듯 일렁이고 있었다. 낱낱

이 떨어지는 햇살은 나지막한 수만 평 다랑이마다 초록으로 감싸 안고 청정한 공기로 정화시켰다. 드넓은 녹차 밭을 마주하니 지나온 청춘을 파노라마처럼 펼쳐 놓은 듯했다. 멈출 줄 모르고 달리기만 했던 젊은 날의 여정이 이곳에 멈춰 있는 듯했다. 푸른 봄바람의 지휘에 맞춰 찻잎들이 들썩인다. 심신의 맑은 기운을 먹고 자란 차나무는 야생의 기운을 내뿜고 있었다. 지켜보는 것만으로도 수행이었다.

사람도 쉬어가고, 바람도 쉬어가는 이 땅에서 녹차나무가 자연의 맛과 향을 품으며 자라고 있었다.

차밭에는 몇몇 아낙들이 이랑에 서서 찻잎을 채취하고 있었다.

이때쯤이면 녹차 중에서 그 맛과 향이 최상이라는 우전(雨前)과 세작(細雀)을 따는데 우전 차는 곡우 전에 싹이 채 피지 않은 아주 어린 잎을 따서 만들고, 세작은 곡우에서 입하 사이에 잎이 다 펴지지 않은 어린잎을 채취한다고 한다.

마침 하동에서 터를 잡고 다기를 전문적으로 만드는 고향 친구를 만났다. 이순이 넘도록 홀로 다기를 구우며 평생 녹차 연구에 몸을 바친 친구이다. 이 친구의 곁에 있으면 건강한 마음과 기운이 온몸으로 전이 되어 온다.

친구가 대접하는 차 한 잔에 기운이 맑아지고 눈이 또렷해져

온다. 그녀가 특별히 우려 주는 보이차는 매번 감동을 준다. 기대했던 그 맛과 향, 자극적이지 않으면서 입안에 생기를 불어 넣는다. 그녀가 우려내는 차를 마시고 나면 힘이 쭉 뻗치고 마시자마자 등에서 땀이 난다. 기분 좋은 따뜻함이다. 녹차의 감동은 향미에 있지 않고 기(氣)에 있다는 것도 그녀를 통해 처음 알았다. 녹차는 오묘한 맛이 난다. 미세한 고미(苦味)가 느껴지는데 목을 넘긴 후에 몸의 기운이 맑아진다.

수십 년 전 다도를 배우기 위해 이 친구와 규수원에 입소했었다. 찻잎을 덖는 과정부터 차를 우려내기까지의 과정을 정석으로 배웠다. 다관에 찻잎을 담고 숙우에 식힌 물을 넣어 2~3분 우려내어 잔에 따라 마시는 과정은 꽤 복잡하고 인내가 필요했다.

전통 다도는 잔을 돌리는 방향과 손 모양까지 형식이 중요했다.

펄펄 끓은 물을 바로 넣으면 차 맛이 떫고 쓰기만 하다. 차를 맛있고 향기롭게 마시는 법은 물의 온도에 있다는 중요한 사실도 알게 되었다. 남녀 간의 사랑도, 친구와의 우정도 마찬가지이다. 이 친구와 40년 지기로 지낼 수 있었던 것은 적당한 온도의 관심과 서로에 대한 믿음이 있었기 때문이다.

어느 날 이 친구가 차를 소분하여 보자기로 예쁘게 싸서 보냈는데 그 정성이 더할 수 없이 고맙고 귀해 차마 먹지 못하고 보관해 오다 며칠 전 개봉을 해보니 도연당 노수왕 보이차였다.

노수왕(老樹王)은 노수 중의 왕이다. 한그루의 차나무 잎으로 만든 흔히 말하는 단주(單株) 차다. 단주는 한 그루여서 좋은 게 아니고 그럴만한 가치가 있는 한 그루에서 딴 것이다. 오직 한 그루, 그래서 더욱 가치가 있는 차이기도 하다.

그 맛은 맑고 힘이 느껴진다. 향이 고상하고 고풍스러우며 맛이 꽉 차 있어 차를 혀끝에 대기만 해도 침이 돌았다. 귀하고 맑은 차를 아무런 수고를 들이지 않은 채 쉽게 마시고 있다. 친구의 온정을 다시 느끼는 순간이다.

요즘은 녹차 전용 다기가 편리하게 나와 손쉽게 마실 수 있어 좋다. 정식다례를 위해 모든 기구를 준비해 놓긴 했지만, 준비가 번거로우면 차도 멀리하게 될까 봐 간편한 도구를 이용하고 있다. 차를 벗하게 되면서 마음에 여유가 생기기 시작했다. 어제는 차 한 잔을 우려 놓고 영화를 보며 눈물을 흘렸다. 차와 함께하면 외롭지 않아서 좋다. 명상에 들기도 하며 책을 보기도 하고 글을 쓰기도 한다. 때로는 내 마음도 들여다볼 수 있어 좋다.

차든 사람이든 근본이 좋아야 한다는 걸 느낀다. 햇차는 햇차대로 노차는 노차대로 좋은 향과 맛으로 제 역할을 다하듯 사람의 수양은 넘쳐도 좋겠다는 생각을 하게 된다.

녹차는 순수 자체이다. 우리가 먹는 차는 대개가 개량되고 화합물로 이루어진 것이 많다. 이것저것 섞거나 하면 오히려 해가 될 때가 많다. 하지만 녹차는 순수 그 자체로 태어난다. 그래서 더 귀하다. 순수하고 향기로운 보이차처럼 친구와의 우정도 깊고 풍부한 맛으로 숙성되어 가고 있다.

연꽃 본색

여름의 한복판에서 곱디고운 천만 송이의 연꽃을 부지런히 피워내고 있는 궁남지를 찾았다. 눈이 닿는 곳마다 온통 연꽃 세상이다. 꽃잎을 활짝 벌려도, 침묵하여도 꽃의 신분은 고혹적이다. 가랑비가 오락가락하지만 우산을 쓰기에는 아직 이른 날씨이지만 이렇게 흐린 날에 보이는 연꽃의 모습이 더욱더 매력적이다. 연분홍 꽃잎에 맺혀있는 빗방울이 수정처럼 맑아 손끝을 가져가 본다. 아쉽게도 손끝에 닿음과 동시에 형체도 빛도 없이 수정은 곧 사라진다. 수정보다 곱고 찬란한 아름다움에 반한 여심은 끈질기게 연꽃에 구애하고 있다.

오늘, 나는 격조 높은 연꽃들과 황홀한 만남을 즐기고 있다. 징검다리 양옆으로 활짝 핀 연분홍 꽃잎은 내 몸의 모든 감각을 깨워준다. 다양한 얼굴의 연꽃은 천수 천안으로 나를 부드럽게 애무한다. 몸짓이 아닌 영혼의 감각으로 말한다. 지상에 낙원이 있다면 이곳이 아닐까 한다. 연등과 같은 모습의 분홍연꽃은 마치 첫날밤 신부의 등불을 밝히듯 수천 개의 등불이 몽환적 분위기를 불러일으킨다. 약간 흐린 날씨는 오히려 조명의 촉을 낮춰 편안함을 주었다. 이 로맨틱한 무드 속 나는 새색시의 발그레한 미소를 띠며 그만 눕고만 싶어진다. 이 넓은 연못 위에서 나를 세워놓고 릴레이로 안아주는 꽃들의 애무로 새로운 에너지가 전신으로 퍼져 나가는 걸 느낀다. 사람의 마음을 울리는 순수한 영혼의 에너지이다. 연못 위에 둥둥 떠 있는 보랏빛 수련은 밀어를 속삭이려는 듯 바짝 다가온다.

세상을 아름답게 살려면 꽃처럼 살면 되고, 세상을 편안하게 살려면 바람처럼 살면 된다 한다. 오유지족(吾唯知足) 적인 연꽃은 홍련은 홍련대로, 백련은 백련대로 저만의 빛을 지니고 한여름, 그 선한 수행 앞에 잠시 넋을 놓는다.

점점 어두워지는 궁남지에 수만 개의 연꽃이 등불을 밝힌다. 색색의 연등은 저마다 다른 색깔로 밤의 여신으로 다가온다. 오늘밤 연꽃 한 장 떼어 고운 님께 연서라도 써 보내고 싶어진다.

연꽃의 특징을 사람들은 10가지로 말한다. 진흙탕에서 자라지만 진흙에 물들지 않고, 연꽃잎 위에는 한 방울의 오물도 머물지 않는다. 연꽃이 피면 물속의 시궁창 냄새는 사라지고 향기가 연못에 가득하다. 연꽃을 보고 있노라면 마음이 절로 온화해지고 즐거워지고, 줄기와 잎은 청정함을 잃지 않는다. 줄기는 부드럽고 유연하여 바람이나 충격에 부러지지 않는다. 꿈에 보면 길하며 꽃이 지고 나면 반드시 열매를 맺는다. 만개했을 때의 색깔은 보는 이로 하여금 마음과 몸이 맑아진다. 피어야 구별되는 꽃이 아니라 날 때부터 그 모양이 확실하다.

이 10가지 특징을 사람의 모습을 평가하기도 했다.

주변의 부조리와 환경에 물들지 않고, 고고하게 자라서 아름답게 꽃피우는 사람, 악한 환경에서도 결코 악에 물들지 않는 사람, 자신이 인간애를 풍기며 주변을 훈훈하게 하고 그윽한 향을 품어서 주변을 정화하는 사람, 오물이 즐비한 바닥에 뿌리를 내려도 청정함을 잃지 않는 사람, 얼굴이 원만하고 항상 웃음을 머금고, 말은 부드럽고 인자한 사람, 바람이나 충격에 부러지지 않고 유연하고 융통성이 있으면서도 자기를 지키고 사는 사람, 많은 사람에게 길한 일을 주고 사는 사람, 꽃을 피운 만큼 열매를 맺는 사람을 진정한 선비라 일컬었다.

연꽃의 열 가지의 지혜를 다 가지고 살진 못한다 하더라도 몇 가지만이라도 마음에 두고 산다면 세상이 연꽃처럼 환해질 것이라는 생각이 든다.

이 여름이 가면 화양연화도 모두 지고 이곳은 고요히 잠들 것이다.

그러나 하나를 버림으로써 하나를 얻고, 하나를 떨굼으로써 한 생을 내려놓은 것 같지만 또 다른 생명이 시작되는 것을 저 꽃들이 전해주고 있다.

지금은 코로나19로 인하여 정치, 경제, 사회, 문화, 종교, 어느 곳 하나 성한 데가 없을 정도로 힘겨운 시간을 보내고 있다. 이렇듯 혼탁하고 어지러운 세상을 조용히 관조하며 살아갈 수 없을까, 하루하루를 전쟁같이 살아가야 하는 것이 우리에게 주어진 현실이고 운명이라면 바꿀 수 있는 건 단 한 가지 마음을 평화롭게 갖는 것이다. 연꽃의 본색이 사람의 본성과 일치되는 것이 또 하나 있다면 그것은 '그리움'일 것이다. 누군가에게 그리움을 줄 수 있는 사람으로 남고 싶다.

오늘 이곳에 와서 마음속의 꽃송이를 한아름 주워 간다.

그림자

그의 첫인상은 유니크하면서 존재감이 넘쳤다.

본래부터 나는 앞에 나서는 것이 어색하고 수줍음이 많았다. 남자라면 카리스마 있고 무엇이든 리더 하는 남자를 좋아했다.

내 취향에 맞는 그 사람이 어느 날 내게로 왔다. 그의 20대 청춘은 끝없는 초원을 달리는 한 마리 적토마였다. 군대를 막 제대한 그는 활달하면서도 매사에 자신감이 넘쳐 보였다.

빨리만 달린다고 적토마가 되는 것은 아니다. 빨리 달리는 것 못지않게 주인의 말에 복종하는 온순함도 가져야 한다. 그는 합리적인 사람이었다. 적어도 내 앞에서는 과감히 멈출 줄도 알았다.

그는 나를 그림자처럼 따라다녔다. 어딜 가든지 에스코트를 자처하며 보디가드가 되어 주었다. 듬직한 그의 등은 언제나 봄날처럼 따뜻했다.

대학을 졸업한 그해 그와 나는 가정이라는 뿌리를 내렸다.

결혼한 후 그림자의 위치가 바뀌었다. 자연스럽게 내가 그 사람의 그림자가 되었고 아이들과 함께 그의 양옆에서 몽글몽글한 그림자로 따라다녔다.

그 사람이 필요로 하는 곳에 내가 있었고, 전공의 꿈을 현실로 이루기 위해 밤낮으로 정진하고 있는 그를 내조하며 물에 젖은 나뭇잎처럼 붙어 있었다.

온 가족을 안고 길을 걸어가고 있는 그의 어깨가 믿음직스러웠다.

예전의 적토마는 페가수스가 되어 더 높이 더 빨리 달렸다. 누군가는 이런 것을 행복이라고 했다.

그러던 어느 날, 페가수스는 그림자처럼 사라져 버렸다. 높이 더 높이 날다가 아예 하늘로 사라졌다. 예고도 없이 달아난 그를 사람들은 소천했다고 했다. 아이 둘과 나를 남겨놓고 사라진 그는 아무런 속죄함도 없이 남은 가족들에게 무영탑으로 남았다.

한동안 꿈에도 나타나지 않았던 그가 아이들이 가여워서인지 어느 날부터 나타나기 시작했다. 그때부터 지금까지 그림자가 되어 나를 따라다니고 있다. 다시 그림자 위치가 바뀌었다. 내가 일을 할 때도, 밥을 먹을 때도, 잠을 잘 때도 그의 영혼은 늘 내 곁에 머물렀다. 이렇게 두 사람의 생이 다하도록 서로 위치를 바꿔가며 붙어 있는 것을 두고 운명이라 한다.

빛이 있어야 그림자가 생긴다. 그가 내게 빛을 비추고 있다는 걸 안다. 「사랑과 영혼」의 샘과 같이 연인을 지키려는 그 사랑을 나는 믿는다.

그의 빛은 꺼지지 않는다. 내 안에 편견과 관념, 욕망과 욕구, 그리고 내가 오류를 범하고 있는 이념과 사상까지 그 빛으로 녹여주고 있다. 인간세계와 영혼 세계가 다르지 않다는 것을 가끔 체험할 때가 있다. 문득 그의 목소리가 들릴 때마다 세상을 향한 눈이 떠졌고 살아가면서 잊지 말아야 할 것과 잃지 말아야 할 것을 알려 주었다.

어떤 날은 혼자 살아가야 하는 세상에서 혹여 뒤처질까 봐 사람들을 만나게 하고, 사람에 대한 믿음을 주고, 다른 사람을 사랑할 수 있도록 곁에서 나를 비추고 있다.

비록 실체는 없지만 분명 느껴지는 그의 아우라는 나의 모든 걸 감싸 안는다.

그는 특별한 날이 오는 전날 밤에는 늘 꿈속에 나타난다. 지난 봄, 아들이 원하던 직장에 입사할 때도 와 주었고, 딸이 자격증 시험에 합격했을 때에도 와 주었다. 그냥 있는 그대로의 모습으로 무언의 지시와 해결책을 제시해 준다. 지금까지도 내게 좋은 날을 예견하게 하고, 어려움을 슬기롭게 헤쳐 나갈 수 있도록 예지몽으로 돕는다. 나의 여리고 부족함을 알기에 그는 내 곁에서 그림자가 되어 맴돈다. 육체가 없어도 그의 영혼이 지켜주고 있다고 나 자신만의 방식으로 받아들인다.

늘 갈피를 잡지 못하고 흔들리는 내게 그는 그림자로 살아 있다.

뒷모습의 진실과 거짓

어렸을 적에는 그렇게 커 보이던 아버지의 뒷모습이 어느 날 작아진 아버지의 어깨를 발견하게 되면서 코끝이 찡하게 된다. 지금은 돌아가셨지만, 아버지의 뒷모습을 떠올리며 나의 뒷모습을 보는 아이들은 어떨지 궁금해진다.

눈에 보이는 뒷모습은 거짓이 없다. 흑판 앞에서 판서하는 선생님의 뒷모습, 손님의 머리를 커트하고 있는 미용사의 뒷모습, 군복을 입은 군인의 혈기 넘치는 양어깨, 하이힐을 신고 걸어가는 아가씨의 가벼운 발걸음,

공원 벤치에 앉아 있는 노인의 앙상하고 축 처진 뒷모습에서 각자의 특성이 드러나고 그 사람의 이미지를 상상하게 만든다.

사람들은 대부분 얼굴에 표정을 짓고 손짓과 몸짓으로 자신을 표현한다. 모든 것이 앞모습에 나타나 있다.

그러나 움직이지 않는 그림이나 사진 속 뒷모습을 볼 때는 그 배경에 따라 분위기가 달라진다.

단원의 「염불서승도」는 김홍도가 가장 나이 들어 그린 그림이다. 스님의 뒷모습을 그린 「염불서승도」는 얼굴에 인격을 그려내야 하는 데 비해 뒷모습은 표정을 그려 넣을 수 없기에 상대적으로 그리기가 더 어려웠을 것이라고 한다.

역광으로 어른거리는 노승의 가냘픈 등판, 그 위로 파르라니 정갈하게 깎은 뒷머리가 너무나 눈이 부실 정도이다. 노승은 연꽃 구름을 타고 하늘을 날고 있다. 여린 듯하면서도 강인하고 모든 걸 내려놓은 듯 참선이 느껴지는 뒷모습에서 자유로움과 비움의 미학을 보게 된다.

서양화에도 뒷모습을 그린 그림으로 인간의 내면세계를 표현하는 작품들이 많다. 덴마크 출신 화가 '빌헬름 함메르쇠이'는 조용하고 차분한 회색조로 침묵이 흐르는 공간을 그려내어 보는 이로 하여금 명상적인 분위기로 이끌고, 검은색 드레스를 입은 여인의 뒷모습을 반복해서 등장시켰다. 화폭은 흑과 백의 신비감으로 채워진다. 어두운 실내를 비추는 한 줄기 빛은 더욱 고고하고 정적이면서도 평화로움을 표현했다. 고독과 빛의 화가 '함메르쇠이'의 작품 속에는 늘 고요함과 공허가 서려 있다. 그는 여인의 뒷모습과 실내공간을 주로 묘사하는 애잔한 화풍으로 사람의 마음을 끈다.

독일의 '카스파 다비드 프리드리히'의 작품 『안개 바다 위의 방랑자』는 바위산 꼭대기에서 운무로 뒤덮인 장엄한 대자연의 광경을 바라보는 한 남자의 뒷모습을 그린 작품이다. 저 멀리 보이는 다른 바위산들과 그 기슭을 휘감고 도는 자욱한 안개와 구름 속에 고독한 남자의 자화상이다. 벼랑 끝에 서 있는 남성의 모습이 광대한 절경과 대비를 이루고 있다. 이 작품을 통해 '프리드리히'는 위대한 자연 앞에 나약한 인간의 뒷모습을 극대화해 명작으로 탄생시켰다.

서양화 함메르쇠이의 뒷모습, 프리드리히의 『안개 바다 위의 방랑자』와 동양화의 『염불서승도』의 느낌은 어쩐지 닮아 있다.

상대를 만나지 않아도 눈에 보이는 제3의 이미지로 그 사람의 뒷모습을 평가할 때가 있다. 오가며 들여다보는 넓은 푸른 정원 안에 화려한 조각상이 있고, 녹음수가 우거진 연못 주변에 파고라 정자가 놓여 있는 것을 보면서 부잣집의 뒷모습을 보는 것 같고, 반대로 작은 텃밭에 고추나 상추가 자라고 있다면 서민의 뒷모습을 상상하게 된다.

윤기가 좔좔 흐르는 말의 엉덩이에서 말 주인의 경제적인 수준을 읽게 되고, 힘겹게 쟁기를 끄는 소의 앙상한 등뼈를 보면 농부의 고단함을 읽게 된다.

뒷모습은 그 사람의 수준을 파악하는 척도이기도 하거니와 인성까지도 판단하게 된다. 요란한 화장으로 얼굴을 감추고 번쩍이는 보석으로 부를 드러낼 순 있어도 굽은 등은 세월을 숨길 수가 없다. 노인의 뒷모습을 보면서 보이는 뒷모습은 치장으로 어느 정도 가릴 수 있지만, 가리지 못하는 생활이라든지 인격은 뒷모습에서 비치게 마련이다.

어떤 음식을 먹는지, 어떤 옷을 입고 있는지, 어떤 승용차를 끌고 다니는지를 보면 그 사람의 수준을 어느 정도까지는 파악하게 되지만, 그 사람의 행동을 보면 인성이 참인지 거짓인지를 금방 알게 된다. 앞모습에서는 용감할 줄 알았는데 돌아보니 두려움이 묻어나고, 정의로운 줄 알았는데 비겁함이 보이고, 당당한 줄 알았는데 뒤에서 보니 비굴함이 보이기도 한다. 이렇듯 그 사람의 뒷모습은 거짓말을 하지 않는다.

뒷모습은 다중인격자로 변할 때도 있다. 철석같이 믿었던 사람이 어느 날 배신자로 변하고, 모든 걸 다 바쳐서 헌신했지만, 자신이 성공했다고 등을 돌리는 미천한 양심의 뒷모습을 볼 때도 있다.

"열 길 물속은 알아도 한 길 인간의 속은 알 수 없다."라는 말처럼 사람은 누구나 양면성을 가지고 살아간다.

겉은 선한 모습인데 속은 악한 생각과 추악한 모습이 발톱을 감추고 있다. 왜 그럴까, 어떤 이는 그것은 인간 내면에 죄악이 뿌리 깊게 자리 잡고 있기 때문이라고 한다. 그 내면의 죄로부터 자유롭기 위해서는 '이성'이라는 사람만이 가질 수 있는 특징이 있다. 이성적인 사람은 자기 성찰과 노력을 통해 감정을 다스릴 수 있다고 본다. 이성과 감정싸움에서 이성이 이길 수 있도록 더 많이 노력하는 사람만이 참모습으로 살아갈 수 있다고 생각한다.

죄로부터 자유롭고 앞모습과 뒷모습이 진실해지고 싶다면 언제나 수행하는 마음으로 자신을 늘 뒤돌아보며 솟아오르는 감정을 잘 다스려야 한다는 생각에 이른다.

오늘도 나는 나의 뒷모습을 비춰주는 거울 앞에 선다.

최고의 인생 샷

가을이 그린 한 폭의 수채화가 하늘에 걸려 있다. 눈앞에 비경인가 했더니 김녕 해변이다. 에메랄드 바다색, 그 오묘한 빛깔에 넋을 놓았다. 행운을 부르는 5월의 탄생석인 에메랄드 보석이 물속에 가득 깔린 것만 같아 황홀했다.

드높은 파란 하늘과 바다, 덥지도 춥지도 않은 적당한 기온은 나의 예순 번째 생일을 축하해 주듯 온몸을 부드럽게 감싸 안았다. 제주 여행은 가는 곳마다 마음을 잡아당겼다.

이곳 해변에서 예비 신혼부부가 웨딩 촬영을 하고 있

었다.

신랑의 댄디한 이미지와 신부의 청순하면서도 단아한 이미지가 참 잘 어울렸다.

예비부부를 보면서 늙어가고 있는 나를 바라본다. 우린 늙어가는 것이 아니라 조금씩 익어가는 것이라 했지만 나이가 들수록 앞으로 내가 할 수 있는 일이 점점 적어진다는 것을 생각하면 서글퍼진다.

나도 저 예비 신부처럼 젊었을 때가 있었다. 내가 언제 신부였는지, 결혼식을 어떻게 했는지 가물가물하다. 지금은 완전히 다른 사람이 되어 버린 나, 저 신부도 언젠가는 나처럼 늙어갈 것이다. 나이가 들어감에 따라 챙겨 먹어야 할 것은 음식보다도 약이 먼저이다. 2년에 한 번씩 정기검진을 받아야 할 때마다 망설여진다.

그래도 한 가지 잘했다고 생각되는 것은 글을 쓰는 일이다. 글을 쓴다는 것은 즐거움과 성취감을 함께 얻을 수 있어서 좋다.

요즘 한창 문우들이 출간을 하고 글 공모전 수상 소식이 들려올 때마다 신선한 자극을 받는다. 그 자극은 에너지가 되어 다시 나를 움트게 한다. 몇 해 전부터 심은 글 나무에서 움이 트고 꽃이 피어 내가 쓰고 있는 글을 좋아해 주는 사람들 응원 덕분에 다시 젊어지는 느낌이다.

높고 푸른 하늘에 구름이 미동도 없이 머물고 있다. 저 구름도 예비부부의 아름다움에 취해 갈 길을 멈추고 구경이라도 하는 듯하다.

최고의 인생 샷을 찍어 주려고 이리저리 옮겨 다니며 분주하게 셔터를 누르던 사진사의 앵글 속만큼 예쁜 모습, 고운 모습으로 살아가길 염원한다.

백사장을 걸으니 바다가 따라오고 추억이 따라온다. 바람결에 실려 보낸 그리움이 파도를 타고 찾아온다. 그 사람 마음의 소리가 들려오는 듯하다.

찻잎 하나를 물에 띄우면 잎이 되살아나는 것처럼 말라붙은 찻잎 같던 내 마음에 물을 부은 듯 되살아난다.

방금 촬영을 끝낸 부부와 비슷한 나이였다.

그해 봄날 신혼여행으로 온 이곳 제주도에서 허니문을 즐겼다. 바다는 섬을 품고 섬은 바다를 품어 하나의 빛을 이루었던 제주에서의 기억이 드문드문 떠오른다. 그날 눈에 담은 아름다움은 추억이라는 단어로 남아 있다.

잔잔한 파도 소리가 배경음악이 되어 마음을 가라앉힌다.

외국의 어느 바다보다도 비경이 전혀 덜하지 않은 낙원의 바다는 오랜만에 마음껏 게으름을 피우게 했다.

오늘 나는 나의 두 번째 최고의 인생 샷을 찍어보려 한다. 비록 사진사가 없는 촬영이지만 내 마음을 빼앗아간 이 에메랄드 바다와 짝이 되어 보련다.

매일의 삶을 인생 샷을 찍는 날처럼 살아갈 수 있다면 모든 만남이 아름답고 모든 순간이 소중하지 않을까 한다.

소난시대

올여름 장마는 75년 만에 기상관측 이래 역대 최강의 폭우가 쏟아졌다

54일 동안 이어진 긴 장마로 인해 지방마다 도로와 다리가 유실되고 엄청난 산사태로 주민들은 놀란 가슴을 쓸어내려야만 했다. 토사와 돌덩이가 마을을 덮쳐 주택은 물론 인명을 빼앗았고 마을은 아수라장이 되었다.

국지성 호우는 남부지방을 강타했다. 곡성에 내린 폭우로 인해 섬진강 제방이 붕괴되자 주택은 지붕만 겨우 보일 정도였고, 어디가 강이고 어디가 마을인지 구분하기 어려울 정도였다. "섬진강이 범람하는 건 처음 본다."며 그동안 천재지변 피해가 없었던 곡성마저 집중호우로 처음 물난리를 겪었다. 300여 명의 이재민은 어디서부터 손을 대야 할지 몰라 망연자실했다.

남부지방에는 하루에도 200mm가 넘는 비가 내렸고 전남 구례군에서는 서시천 제방이 무너져 구례읍 양정이 농가에서 쓰는 저온 저장고가 물에 떠다니고 구례읍에 있는 주유소의 기름이 유출되어 그나마 남은 살림 도구가 모두 기름 냄새로 뒤범벅이 되어 폐기처분 해야만 했다.

아침 뉴스에는 전남 구례읍의 한 마을에서 주택 지붕과 축사 지붕 위로 소들이 올라가 있는 장면이 보도되었다. 이 소들은 주변 축사에서 사육하는 소들로 전날 폭우와 하천이 범람하여 물에 떠다니다가 다음 날 물이 빠지자 상흔이 심한 지붕 위에 위태롭게 머물러 있었다. 불과 한 달 전만 해도 건강했던 나머지 소들이 떼죽음을 당했다. 간혹 물속에서 고개만 내밀고 수영을 하며 피신처를 찾는 소들의 처참한 현장이 고스란히 브라운관에 보도되었다.

이틀 뒤 지붕 위로 대피한 소를 구조하는 '구출 작전'이 시작되었다.

몸무게가 1톤에 이르는 큰 소들이 내려오지 못하자 급기야 소방대원들이 크레인을 이용해 소들을 구조해야만 했다. 일부 소들은 무게를 견디지 못한 지붕이 붕괴되는 바람에 바닥으로 추락하기도 했다. 이런 상황으로 놀란 소들이 당황하며 날뛰자 대원들은 소에게 마취한 후 구출하기도 했다.

또 다른 축사에서는 소떼들이 홍수를 피해 해발 531m의 구례 사성암까지 피난을 갔다고 한다. 마을 사람들은 소들이 한 번도 가보지 않은 멀고 높은 그곳까지 어떻게 찾아갔는지 신기해했다. 지역 주민들은 "말 못 하는 소도 어렵고 힘들면 죽기 살기로 부처님을 찾는다."며 소의 영특함에 안도의 한숨을 쉬었다.

죽음 앞에서 살고자 하는 의지력과 소의 지혜로움을 다시 한 번 느끼고 확인하는 시간이 되었다.

하지만 자식처럼 애지중지 기르던 소들이 매일 처참하게 죽어나가는 것을 지켜봐야 했던 농민들의 심정은 숯검정이 되었다.

어릴 적, 집안의 만사형통을 기원하는 소의 코뚜레가 대문 위에 걸려 있었던 기억이 난다. 외양간에서 정겹게 들려오는 워낭소리는 부와 명예를 집 안으로 불러오는 소리였다.

소는 집안의 큰 재산이었다. 농사를 짓는데 절대적으로 필요한 일꾼이었고 일 년에 한 번씩 새끼를 낳아 가정 경제에 큰 보탬을 주었다. 소는 아버지와 한몸이었다. 아버지의 말을 거의 알아들었다. 아버지가 쟁기를 짊어지고 '논에 가자' 하면 묵묵히 논으로 가고, '밭에 가자' 하면 고삐 방향을 따라 성큼성큼 앞장섰다. 일이 끝나고 고삐를 목에 걸어주면 혼자서 집으로 향했다. 논머리, 밭머리를 다 아는 소는 온 집안의 농사를 스스로 알아서 하는 영물이었다. 소는 아버지를 지탱해 주는 존재였다.

그러나 식구처럼 여겼던 소도 힘이 다해 농사를 질 수 없으면 우시장에 내놓아야 했다. 우시장에 소 팔러 가는 날이면 소도 자신의 운명을 아는지 여물도 먹지 않고 커다란 눈망울을 굴리며 눈물을 흘렸다. "움머 움머" 우시장까지 가는 발걸음은 천근만근이었다. 정든 소를 장에 데려가는 아버지도 마음이 무겁기는 마찬가지였다.

다음 주 아버지는 다시 뿔이 크고 젊고 왕성한 암소를 사셨다. 건강하고 발굽이 튼튼해 보였다. 동작도 민첩하니 일을 거뜬히 해 나갈 것 같았다.

새로 들어온 소도 아무것도 먹지 않고 온종일 "음매 음매" 소리를 질러댔다. 아마도 전 주인이 그리웠던 모양이다. 아버지는 정성껏 쇠죽을 쑤어 여물통에 채워 주시면서 소를 달랬다. 사흘이 지나고 소가 온순해지자 겨우 안심이 들었다.

그런데 며칠이 지나서 소가 자취도 없이 사라졌다. 아버지는 놀란 가슴으로 동네 사람들을 모아 산속까지 샅샅이 찾아다녔다.

날은 어두워지고 끝내 소는 찾지 못했다. 망연자실한 아버지는 밥 한술 뜨지 못하셨다. 다음 날 아버지는 우시장으로 가셨다. 혹시 전에 살던 집을 찾아간 것이 아닌가 하는 한 가닥 희망을 품고 매매 상인을 찾아가신 것이다. 때마침 매매 상인을 만나 전에 살았던 집을 찾아갔더니 그곳에서 소가 버젓이 꼴을 먹고 있었다. 아버지는 참으로 다행이면서도 놀란 가슴을 쓸어내려야만 했었다.

집으로 다시 데려온 소는 한동안 아버지의 옆 지기가 되었다. 자나 깨나 소의 위치를 확인하시고 잠자리에 드셨다.

소는 논밭을 사고, 재물을 늘리고, 큰돈이 필요할 때면 소를 팔아 자식들 뒷바라지했던 생구(生口)였다.

장마가 끝나고 농민들은 죽어간 소들의 영혼과 낙농인 들의 상처를 위로하기 위해 위령제를 열었다. 이번 홍수로 죽어간 7백여 마리의 명복을 늦게나마 빌어 주었다.

해가 갈수록 소들의 운명은 광우병, 구제역이 찾아와 생목숨마저 처참하게 매몰되는 시국이 되었다. 앞으로 한우 농가가 나아가야 할 길은 여전히 멀기만 하다.

어릴 적 워낭소리가 그리워지는 저녁이다.

시련이 주는 마지막 선물

익숙한 길을 운전할 때는 마음이 편안하다. 출퇴근하는 길은 눈에 익어 때로는 자신감에 넘쳐 끼를 부리기까지 한다. 어디쯤에 신호등이 있고, 어디쯤 방지 턱이 있고, 어디에 교통 경찰관이 자주 나타나는지 알고 속도를 조절한다.

그러나 낯선 길은 불안하고 긴장이 되어 자연스럽게 쥐던 핸들도 꽉 쥐게 되고 두 눈은 수시로 이정표를 확인하며 신경을 곤두세우게 된다.

'처음'이란 몸에서 받아들이기까지 한동안 불편하고 스트레스를 받는다. 배움도, 여행도, 처음 만나는 사람도, 처음 시작하는 일도 마찬가지이다.

요즘 코로나19로 인하여 모든 생활이 달라졌다. 새 학년 시작되면 입학식과 개강까지 모두가 활기에 넘쳐야 할 시기이지만 올해는 모든 것이 자유롭지 못한 환경으로 모두가 패닉 상태에 빠져 있다.

4월에 들어서자 더 이상 개학을 늦출 수 없는 교육청은 정부가 사회적 거리를 실시한 이후 학습 공백을 최소화하고자 고3, 중3 학생들부터 온라인 개학을 시작했다. 새 학년, 새 친구들의 만남을 뒤로하고 집안에서 시작된 수업은 많은 시행착오를 일으켰다. 교사는 교사대로 학생은 학생대로 좌충우돌이다. 교사, 학생, 학부모 모두가 처음 시도해보는 원격 교육인 만큼 시행착오도 많았다. 수업에 필요한 인프라 구축도 원활하지 않고, 학생들은 스마트기기에 익숙하지 않아 불편함을 감수해야만 했다. 혼란스러운 환경에 모두가 이 새로운 학습 운영에 걱정과 불만이 가득하다. 2차, 3차 개학을 앞두고 시스템 구축을 하고 있으나 동시 접속 인원이 많아 서버가 다운되는 등 불편함이 속출하고 있고 학교마다 정보기술에 대한 환경이 다르므로 열악한 학교에서는 학생들의 학습 태도를 관리하기는커녕 질문조차 받지 못하는 수업에 학생과 학부모들이 당황할 수밖에 없다.

손자의 초등학교 입학을 앞둔 지인이 코로나19로 인해 인터넷 강의를 손자와 함께 EBS TV 온라인 수업을 받고 있지만, 집중할 수가 없다며 고충을 토로했다. 1교시부터 수업이 지루한지 가만히 앉아 있지 못하고 우왕좌왕 멋대로 뛰어다닌다고 한다. 교안을 출력해 주었더니 몇 개만 풀고 나머지는 손도 안 대고 있다며 손자가 학습이 뒤떨어질까 봐 걱정이 많다. 이렇게 갑자기 달라진 학습 방법에 학부모 모두 서툴고 어려워하고 있다. 익숙해질 때까지는 많은 시간이 필요할 것 같다.

새로운 환경에 놓였을 때 그 상황에 적응하는 동안 사람들은 여러 가지 경험과 감정을 겪게 된다.

브라운(Brown)은 문화 적응의 과정을 4단계로 진행되어 간다고 했다.

1단계는 새로운 환경에 그저 기뻐하고 신기해하는 흥분과 환희의 시기.

2단계는 문화적 차이를 자신에 대한 위협으로 느끼고 충격과 불안을 느끼게 되는 문화 충격을 느끼는 시기.

3단계는 주위 환경이 다르다는 사실에 대해 점차 받아들이기 시작하는 시기로 점진적 회복하는 시기.

4단계는 새로운 경험으로 한층 성숙해지면서 새 문화를 받아들이고 자신감 있게 환경에 적응해 가는 시기로, 회복의 시기로 나눠진다고 했다.

우리 몸은 익숙할 때 모르고 살던 일상이 환경의 변화로 새로 시작할 때에는 스트레스를 받게 된다. 새로운 환경에 노출되면서 겪어야 하는 스트레스로 나타나는 부작용 중 하나가 '적응 장애'라 한다. 전문가들은 최소한 3개월은 지나야 '적응 장애'에서 벗어난다고 한다. 처음 직장에 입사해서도 100일 동안의 수습 기간을 두는 것도 이 때문이다. 우리가 중요한 일이 있을 때면 100일 기도를 드린다. 어떤 종교를 막론하고 100일간의 정성 어린 기도를 드리면 신이 감동하고 은혜를 베푼다는 믿음이 있기 때문이다.

전업주부로 13년 경력 단절로 새로운 회사에 입사한 날이 생생하게 다가온다. 내가 맡은 일은 건설회사 임대아파트 분양사무실이었다. 맡은 업무는 고객이 찾아오면 친절하게 안내하고 계약할 수 있도록 설명하고 설득시키는 일이었다. 부동산 중개 경험이 없었던 나는 한 달이 지나도록 한 건도 계약하지 못했다.

그런 내게 선임의 불편한 눈초리는 점점 부담으로 다가왔다. 그 증상은 스트레스가 몸으로 찾아왔다. 무언가 목에 걸려 넘어가지도 않고 밖으로 나오지도 않아 한동안 고통에 시달려야만 했다.

그러다가 차츰 안정되면서 차츰 성과를 내게 되며 그 증상도 서서히 사라졌다. 힘들었던 만큼 일에 대한 성취감과 보람도 컸다.

지금은 어떠한 상황에 부딪히더라도 먼저 심리적 안정감을 가지고, 현재 상황을 어떻게 받아들여야 하는지, 어떻게 대처해야 할지를 인식하며 차분히 해결할 수 있는 지혜를 터득했다.

일상에 행복을 송두리째 빼어간 코로나19는 그동안 당연했던 자유의 소중함을 일깨워주었다. 날씨는 좋았지만, 창살 없는 감옥에 갇혀 살아야만 했다. 매년 튤립 축제가 열렸던 곳에 그 꽃이 올해도 어김없이 수천 평 부지에 아름답게 피었다는 소식이 전해왔다. 달려가고 싶었으나 다시 주저앉고 만다. 일상의 정을 나누던 그때가 한없이 그리워진다.

익숙했던 생활 패턴에 제한이 생기면서 어느덧 새로운 생활의 리듬에도 서서히 적응되어 가고 있다. 고난 뒤에는 반드시 새 희망의 빛이 비쳐올 것이라 믿는다.

시련 뒤에는 익숙함이라는 마지막 선물이 있다.

나에게 쓰는 가을 편지

시골 우체국 창문을 타고 유홍초 꽃이 새빨간 입술을 함빡 벌리고 있다.

아직 여릿한 새댁 같은 모습이다. 어찌나 곱던지 이 쪼그마한 유혹에 이끌려 가까이 다가가 눈인사를 나눈다.

'아, 가을이구나'

이 꽃을 보는 순간부터 가을이 내게로 왔다. 온 세상이 코로나19로 뒤덮였어도 때가 되면 꽃을 피워 계절을 알린다. 꽃이 없었다면 어디서 위로를 받고 마음을 달랠까. 작은 꽃 한 송이에 감동하며 가을을 맞이할 채비를 한다.

가을 채비를 한다 하여 감성 여행을 떠나거나 긴 겉옷을 준비한다는 것이 아니다. 나는 지금 내 인생길이 가을의 문턱에 접어들었음을 의미한다.

나 스스로 나이가 들었다고는 생각하지만, 늙었다고 생각한 적은 없다.

이제 가끔은 노년층으로 분류되는 60세 나이다. 그런데도 나는 여전히 꿈을 꾸고 있다. 어떤 꿈은 이루기도 했지만, 아직도 이루지 못한 꿈이 더 많기에 그 꿈들을 이루기 위해 마음이 바쁘기만 하다. 리처드 브랜슨은 25세에 60세의 자신을 상상해서 스스로 편지를 쓰고, 살아가면서 자주 읽었다고 한다. 현재 64세로 40여 년 만에 400개 계열회사를 거느린 초지의 그룹으로 성장시켰다 한다. 나는 이처럼 큰 업적은 이루지 못하더라고 누군가 나의 글을 읽고 위로받고 힘을 얻을 수 있는 글을 쓰도록 해야겠다는 생각이 든다.

이런 가을에는 편지를 쓰고 싶어진다. 편지를 쓰면서 마음을 전달하기도 하고 내 마음을 다스리기도 한다.

이순이 되어 나는 처음으로 나에게 편지를 써본다.

TO. ME

내가 너와 60년을 무던히도 애쓰며 살아왔구나. 결혼 전에는 유복한 가정에서 걱정 근심 모르고 살던 너였는데 결혼하고부터 너의 행복을 불운의 신이 가져가 버렸지. 신은 너에게 평생 해로해야 할 남편을 데려가 널 날개 잃은 천사로 만들었지. 풀린 신발 끈을 질끈 동여매고 언덕을 올라가야만 했어. 십자가를 지고 골고다 언덕을 오르는 예수의 고난이 어떤 것인가를 체험하기도 했지. 그 가운데 신은 예수 옆에 시몬을 보내주셨듯이 네 옆에도 두 아이를 보내주어 견딜 수 있었어. 너의 힘의 원천은 아이들에게서 뿜어져 나왔지. 아이들로부터 나오는 그 힘으로 불운의 신을 물리칠 수 있었어. 하던 공부를 다시 시작하고 재취업을 하면서 세상에 도전장을 내미는 모습은 용사와도 같았어. 황무지에 싹을 틔우고 꽃을 피울 때마다 그 향기가 남편이 있는 하늘까지 닿았다는 걸 느낄 수 있었지.

여리고 파릇했던 두 아이가 이제는 성숙한 사회인으로 우뚝 서 있는 모습을 보면 정말 자랑스러워. 두 아이가 든든한 양산(兩山) 되어 너를 보호하고 있으니 아무것도 부럽지 않아 보여.

어느덧 환갑을 맞이한 나이가 되었네.

앞으로 은퇴 후 네 인생 후반을 잘 다독이며 살아가야지. 어른답게 산다는 건 어른으로서 제구실을 하며 사회에 선한 영향력을 줄 수 있도록 살아가는 것이야. 무조건 앞장서 견인차 역할을 하기보다는 뒤에서 밀어주고 베풀면서 희망을 전달하는 전도사가 되었으면 해.

네 이름 뒤에는 수필가, 시인이라는 단어가 붙어 다니고 있으니 자신의 가치와 존재감을 잃지 말고 후회 없이 살아가도록 했으면 해. 작가라서 쓰는 게 아니라 쓰니까 작가라는 말이 있지? 두 번째 출판한 저자로 남지 말고 앞으로도 꾸준히 책을 써 가는 작가가 되어 주길 바랄게. 글을 쓰다 보면 네 삶에 많은 상상력과 열정도 가져다줄 거야. 네가 힘들고 지칠 때 너도 다른 사람의 글을 보면서 용기를 얻었듯이 누군가 너의 글을 읽고 편안함을 얻고 깨달음을 얻었으면 해. 사고와 사유가 깊어지는 나이에는 자연에 대한 경외심도 깊어지니 풀잎 하나에도 의미를 부여하는 따뜻한 사람으로 살아가길 바라. 다가오는 삶도 작은 소망과 꿈을 가지고 하나씩 이뤄 나가는 즐거운 노년이 되었으면 해.

그리고 무엇보다 중요한 것이 건강이야, 건강에 이상이 생기면 너의 뜻과는 달리 모든 것이 끝이야. 행복과 거리가 멀어지고 온 가족을 같이 힘들게 하니 힘들고 귀찮더라도 규칙적으로 운동 열심히 하고 즐거운 마음을 가지려고 노력했으면 좋겠어. 건강이 가장 큰 재산이란 거 잊지 말고 건강관리 잘하도록 해.

삶의 오르막 내리막길에서도 용기 잃지 않고 잘 견디어 줘서 고맙고 긴 세월 동안 실망시키지 않아서 더 고마워.

가을의 성숙한 계절답게 앞으로 남겨진 세월도 무르익어가는 삶이 되길 바라.

- 2020. 가을 문턱에서

3
마지막 잎새

“

친구야, 지금부터 다시 시작하는 거다. 매 순간을 의미 있게 사는 한 삶의 가치는 더욱 빛날 것이다. 암은 마침표가 아니라 쉼표이다. 내가 나를 만나며 나에게 쉼을 주라 하는 메시지다. 어서 일어나서 너와 같은 아픔을 앓고 있는 사람들에게 희망을 주고, 용기를 주고, 버팀목이 되길 바란다. 나에게 등불이 되어 주었던 친구야, 친구가 있어서 나는 캄캄한 세상을 걸어 나올 수 있었단다. 이 겨울, 너의 마음만이라도 춥고 시리지 않게 곁에 있어 줄 것을 약속할게. 일하면서도 걸음을 걸으면서도 오로지 너만을 위해 기도하는 이 마음을 너는 알겠지.

”

기분 좋은 거짓말

책 출간을 앞두고 엄마가 늘 사용하던 프로필사진이 마음에 들지 않았는지 딸아이가 제대로 한번 사진을 찍자며 며칠 전부터 준비했다. 그동안 프로필사진을 여러 번 찍어 본 딸은 엄마의 헤어스타일부터 메이크업, 옷차림까지 세심하게 신경을 썼다.

우선 평범한 화장이 아닌 풀메이크업을 예약하고 스튜디오에도 예약했다. 결혼 후 처음으로 받아보는 풀메이크업이었는데 가릴 것도 감출 것도 세울 것도 많다 보니 지루하기도 하고 졸리기까지 했다. 마지막으로 속눈썹까지 붙이고 나니 2시간 반 만에 겨우 끝냈다. 출근할 때 화장 시간은 20분이면 충분했지만 수십 가지의 색조화장품으로 수백 번의 얼굴 터치를 해야만 했으니 메이크업 아티스트에게 괜스레 미안한 마음까지 들기도 했다.

내가 만약 피부가 곱고 생김새가 전인화 같았다면 훨씬 짧은 시간에 끝낼 수 있지 않았을까 하는 생각이 들었다. 푸석푸석한 피부를 촉촉하고 매끄럽게 표현해야 했기에 아티스트의 수고가 많이 들어가야만 했다. 풀메이크업을 끝내고 머리를 다듬기 위해 헤어디자이너에게로 갔다. 디자이너의 손이 마법같이 움직였다. 눌리고 가라앉은 머리를 10분 만에 훌륭한 헤어스타일로 변화시켜 주었다. 메이크업과 헤어스타일 손질을 끝내고 스튜디오로 갔다. 포토그래퍼는 임신을 한 젊은 여자였다. 보기에도 안쓰러울 정도로 무거운 몸을 끌고 가 사진을 찍는데 또 미안한 마음이 들었다. 지금까지 크게 한 번 웃어 본 적이 별로 없는 성격에다 평소에도 활짝 웃지 못하는 내게 포토그래퍼는 자연스럽게 활짝 웃는 모습을 자꾸만 요구했다. 그럴수록 웃음은 더욱 어색하기만 했다. 우여곡절 끝에 프로필 촬영을 마쳤다. 촬영 후 20여 분을 기다리니 보정이 끝나고 드디어 프로필사진이 현상되었다. 환한 미소를 띤 사진 속 나는 10년 젊은 모습이었다. 메이크업 아티스트도 헤어디자이너도 포토그래퍼도 모두가 마술사였다. 내 자신도 놀라울 정도로 마음에 쏙 드는 사진 한 장이 탄생했다.

글이 신문에 게재되거나 출판을 할 때 작가의 프로필과 사진도 함께 실리게 된다.

일간지에 실린 사진을 당장 교체해야 할 것 같다.

가끔 문학회 행사에 가면 시, 수필집을 받아올 때가 있다. 표지를 보고 첫 장을 넘기면 작가의 화려한 이력에 한번 주눅 들고 다음으로 작가의 사진에 다시 한번 기가 죽을 때가 있다. 한결같이 미인 미남인 프로필사진은 작품까지도 그 깊이를 더하게 한다. 작가들의 미려한 프로필사진을 보다가 정작 실물을 보면 다소 당황스럽기도 하지만 오히려 자연스러운 모습에 더 정감이 가고 친근함을 느끼게 된다.

프로필사진은 거짓말을 잘한다. 후덕한 얼굴을 갸름하게 하고, 팔자주름도 당겨주고, 어두운 피부도 백옥처럼 변화시켜 준다. 마치 유명 성형외과에서 성형이라도 한 것 같은 모습으로 재탄생시켜 주는 마법의 기술은 점점 발전되어 가고 있다. 포토샵과 같은 디지털 기술뿐만 아니라 사각의 프레임을 어떻게 잡느냐에 따라서, 피사체와의 거리를 어떻게 설정하느냐에 따라서, 같은 사람인데도 능청스레 거짓말을 하듯 다른 모습으로 재탄생시킨다.

프로필사진은 기분 좋은 거짓말이다. 잘 나온 사진 한 장쯤 소지하면서 우울할 때나 답답할 때 들여다보면 새 힘이 솟는다. 오늘도 그 거짓말에 속고 싶어진다.

마지막 잎새

초겨울 냉랭한 삭풍에 나뭇잎이 우수수 떨어진다.

온 산하가 걸작이 되어 모든 이들에게 큰 사랑을 받았던 단풍잎이 이제는 버려야 할 것을 아는지 바람이 없어도 제 무게를 견디지 못하고 떨어진다. 꿋꿋하게 버티던 남은 잎새도 덧없이 떨어지고 나뭇가지 끝에 매달린 마지막 잎새만이 위태롭기만 하다. 따뜻한 봄날의 찬란했던 시간도, 뜨거운 여름날 울울창창하던 비장함도, 황홀하게 가을을 수놓았던 지난 시간마저도 추억만 남기고 사라져간다.

어릴 적 집 앞에 커다란 뽕나무밭이 있었다.

집 가까이에 있어 싱싱한 뽕잎이 한창 올라올 무렵이면 한걸음에 달려가 싱그러운 뽕잎 향기를 맡을 수 있었다. 뽕잎이 우거진 밭고랑에 들어서면 원시림에 들어온 것 같아 마음이 한결 고요해졌다. 서늘한 바람이 옷깃을 여미게 하는 늦가을이면 뽕잎이 지고 난 위초리에 노랗게 단풍 든 뽕잎이 부드러운 소리를 내며 '뚜 욱 뚝' 잎사귀를 떨구었다. 더러는 떨구지 않은 숯 검댕이 같은 마른 뽕잎이 나무 끝에 대롱대롱 매달려 있었다. 그것을 보면 마음이 괜히 심란해져 왔다. 뽕나무가 죽어가는 것도 아닌데 앙상한 뽕나무에 간신히 매달려 있는 마지막 잎새가 그저 서글프고 외로워 보였다. 사람과는 달리 잎이 떨어진 곳에는 겨울눈이 생겨나고 이듬해 봄이면 소생을 약속하는데도 어린 마음에 계절의 종언에 대한 쓸쓸함도 한몫했던 것 같다. 수더분한 흙길, 꾸밈없고 소박한 계절 끝에 떠는 마지막 잎새를 보고 있노라면 어느새 센티멘탈해져 가는 나 자신을 느끼곤 했다.

생각만 하여도 입가에 미소가 지어지는 지인이 있다. 속 깊은 친구로, 늘 에너지를 주며, 살가운 모습으로 늘 그 자리에 있었던 그녀가 중병으로 하루하루 살얼음판을 걷고 있다. 한없이 다정하고 여유로운 모습 뒤로 내면이 병들어 가고 있는 줄 몰랐다.

고요하게 보여도 함정이 곳곳에 숨어 있었나 보다. 가정과 직장의 양산(兩山)을 든든히 지켜왔던 세월, 평생을 살 것처럼 꿈꾸고 오늘 죽는다는 마음으로 최선을 다해 살아온 삶이었다. 그런 그녀가 지금 믿을 수 있는 곳은 그 어디에도 없다. 명의(名醫)도, 남편의 품도, 자식들의 기도도 의지가 되지 않았다. 남은 힘을 모아 생명의 끈을 부여잡고 최후의 방법으로 신약에 의존하며 생을 이어가고 있다. 날이 갈수록 속절없이 무너져 내리는 그녀를 보면서 마지막 잎새가 떨어질까 마음이 졸여온다.

그녀에게 치료의 광선을 비춰주면 나을까, 지중해에 사는 성자 다스 칼로스를 데려와 새 생명을 달라고 무릎 꿇고 매달려 볼까, 아니면 그녀를 위한 헌정 시를 매일 읊어 주면 떨어져 가는 마지막 잎새를 오래 붙잡아 둘 수 있을까. 인간의 힘으로 안 된다면 신의 힘을 빌려서라도 절박한 심정으로 하루하루를 가상의 세계에서 사는 그녀를 붙잡고만 싶다.

지금, 이 순간에도 심연 깊은 곳에서부터 올라오는 죽음의 공포가 얼마나 무서울지 그녀는 알고 있다. 가랑잎처럼 바스락거리는 몸에 차가운 겨울 눈(嫩)을 덮어 주는 잎새가 되어 그녀를 따뜻하게 덮어 줄 수 있는 것은 오직 모르핀밖에 없다는 사실을 그녀는 안다. 꺼져가는 생명의 불꽃을 살리기 위한 오 헨리의 잎새를 붙여 살릴 수만 있다면 나는 기꺼이 그녀의 파수꾼이 될 것이다.

눈을 감고 있어도 누워 있는 그녀의 모습이 가득하다.

친구야, 지금부터 다시 시작하는 거다. 매 순간을 의미 있게 사는 한 삶의 가치는 더욱 빛날 것이다. 암은 마침표가 아니라 쉼표이다. 내가 나를 만나며 나에게 쉼을 주라 하는 메시지다. 어서 일어나서 너와 같은 아픔을 앓고 있는 사람들에게 희망을 주고, 용기를 주고, 버팀목이 되길 바란다. 나에게 등불이 되어 주었던 친구야, 친구가 있어서 나는 캄캄한 세상을 걸어 나올 수 있었단다. 이 겨울, 너의 마음만이라도 춥고 시리지 않게 곁에 있어 줄 것을 약속할게. 일하면서도 걸음을 걸으면서도 오로지 너만을 위해 기도하는 이 마음을 너는 알겠지.

나는 그녀와 한 곳을 향해 있었다. 사랑하는 친구의 몸에 신약이 잘 맞아 어서 회복하길 비는 마음이 간절하다. 그것도 허락이 아니 된다면 친구의 마지막 잎새가 신의 가호이길 기도하고 있다.

한 계절의 끝은 또 다른 한 계절의 시작을 의미하듯 어두운 오늘이 지나가고 빛나는 내일이 찾아오길 빈다.

파파고

중개사무소에 내놓은 빈방이 두 달이 넘도록 임대계약 소식이 없다.

이유인즉슨 하루가 다르게 신축하는 고품격 아파트와 도시형 생활 주택, 편리한 오피스텔이 경쟁이라도 하듯 시내와 변두리에 마천루 숲을 이루고 있기 때문이다. 그러다 보니 지은 지 20년이 다 되어가는 우리 다가구 주택은 호실마다 텅텅 비어간다. 예전에는 교차로나 화제 신문에 의뢰하면 곧잘 임대가 이루어졌지만, 요즘 중개를 전문적으로 하는 인터넷까지 이용해 보지만 함홍차사다.

공급은 많고 수요가 적으니 당연히 오래된 주택은 날이 갈수록 뒷전으로 밀려나고 있다. 젊은 사람들은 세련된 인테리어로 꾸며진 신축주택을 임대료가 비싸도 선호한다. 생각 끝에 임대료를 최대한 저렴하게 낮춰 부동산 중개소에 내놓았더니 며칠 후 연락이 왔다. 반가운 마음에 중개 사무실로 달려가니 계약하려는 세입자가 공교롭게도 러시아인 두 자매와 어머니가 기다리고 있었다.

난감했다. 그녀들은 통역하는 지인을 데리고 왔다. 통역인마저 우즈베키스탄인이었다. 다행히 지인은 한국말을 잘 알아들었다. 앞으로 서로 소통할 일이 많을 터인데 걱정이 되었지만, 이들을 놓치면 안 되겠다 싶어 계약했다. 러시아인 세 식구는 그동안 흩어져서 살다가 드디어 한집에 살게 되었다며 좋아하는 눈치였다. 아예 이삿짐을 트럭에 싣고 온 터라 곧바로 주택에 입주하였다. 심야 보일러, LPG 가스, 현관 키 사용법, 음식물쓰레기 처리법 등을 몸짓으로 알려주었다. 그녀들은 알겠다는 듯이 고개를 끄떡였다.

그런데 일주일 후, 근무 중에 그 세입자에게 문자가 왔다. 문자를 보니 러시아어라서 도저히 읽을 수가 없었다. 우려했던 일이 벌어지고야 말았다. 급한 일이 생긴 모양이었다. 어떻게 해결을 해야 할지 고민하던 중에 마침 조카가 떠올랐다. 러시아 모스

크바 대학원에서 공부를 하고 돌아와 H기업에 입사하여 두바이로 발령받아 근무하고 있는 조카이다. 급한 마음에 그 문자를 카카오톡으로 전달하고 무슨 말인지 해석해 달라고 했다. 그러나 한 시간, 두 시간이 지나도 답장이 오질 않았다. 세입자에게서 문자는 계속 오는데 근무중이다 보니 당장 가보지도 못할 처지라 답답하기만 했다. 다시 두바이로 문자를 보냈지만, 시차가 이곳과는 반대인지라 조카는 단꿈에 젖어 있는 듯했다. 궁리 끝에 중개한 부동산 중개업자에게 연락해서 집으로 가서 무슨 일이 일어났는지 알아봐 달라고 도움을 청했다. 잠시 후 중개업자가 사진을 찍어 보내왔다. 사진을 보니 보일러가 터져 물이 쏟아지고 있었던 것이었다.

아뿔싸! 보일러실과 테라스에는 이미 물바다였다. 즉시 보일러 설비공을 보내 수리를 부탁했다.

얼마 후 그제야 두바이에 있는 조카에게서 번역 문자가 왔다. '보일러에서 어젯밤부터 물이 새고 있어요, 물이 점점 많이 새고 있으니 와 보셔야 할 것 같아요.' 조카는 잠자느라 이제 보았다며 늦게 보내드려 죄송하다고 했다.

퇴근 후 집으로 돌아와 아들에게 오늘 일을 말했더니 아들이 "엄마, 그런 일이 있으면 저한테 먼저 연락하셨어야죠." 하면서 휴대폰에 papago 번역기 앱을 깔아 주었다. 이것만 있으면 다른 나라 문자를 쉽게 번역할 수 있다며 시범을 보여 주었다. "그렇구나, 세상 참 좋아졌네." 간단히 해결할 수 있다는 걸 모르고 어쩔 줄 몰라 했던 자신이 멋쩍었다.

그 후로는 세입자와 문자를 주고받으면서 나름대로 수월하게 해결할 수 있었다. 만약 이러한 기능이 없다면 얼마나 불편했을까. papago의 위력을 다시 한번 깨닫게 되었다.

요즘은 해외여행을 갈 때에도 휴대폰과 데이터만 있으면 이런 애플리케이션을 이용하여 외국에서도 불편함 없이 여행할 수 있다니 격세지감이 느껴졌다.

신기하기도 하고 재미있기도 하여 네이버에서 papago를 살펴보니 기능이 무궁무진했다. 텍스트, 이미지, 음성, 대화, 필기 기능까지 그 편리함에 놀랐다. 음성으로 우리나라 말을 입력하니 곧 영어로 번역되어 들려왔다. 대화도 마찬가지였다. 아무리 긴 대화도 즉시 번역되는데 그것도 상당히 문법적으로 정확했다. 시험 문제 같은 긴 지문도 거침없이 번역되니 신세계를 만난 듯했다. "요즘 학생들은 공부하기 수월해졌어, 우리 때는 일일이 사전 찾아보고 해석했는데 말이야." 똑똑한 친구를 둔 것 같아 든든했다.

전에도 가끔 해외직구로 건강식품을 주문한 적이 있다. 살 제품을 PC를 통해 기능과 효과를 읽어보고 주문하지만, 사용 설명서는 읽지 않는다. 읽어 봐도 해석을 제대로 할 수 없었으니까 포기했다, 이제는 식품의 설명서를 사진을 찍어 번역기에 입력하면 바로 번역이 되니 두려워하지 않아도 되었다.

'모르는 게 약'이란 말보다 '아는 것이 힘이다.'라는 말을 더 좋아한다.

나이가 많다고 포기하지 않겠다. 더 새롭고, 다양한 지식을 배우고자 할 때 영원한 청춘이다.

떡실신 고갯마루

소설이 지났음에도 눈 대신 비가 퍼붓는다. 해가 갈수록 기후의 변화가 절기와 맞지 않으니 이제는 절기도 바뀌어야 하지 않을까 하는 생각이 든다.

친구가 남편의 병시중으로 올해는 김장을 못 한다고 한다. 그 말을 듣고 나니 마음이 편치 않았다. 마침, 김장하려고 절임 배추를 예약하고 각종 재료를 준비하고 있던 터라 친구의 몫까지 절임 배추를 더 주문했다. 음식 솜씨는 없지만, 정성과 사랑을 담아 김장을 끝내고 멀리 있는 친구에게 갖다 주기로 마음먹었다. 남편 때문에 몸과 마음이 힘든 것을 알면서도 마음으로만 위로

했던 것이 늘 짐으로 남아 있었다.

맛은 장담할 수 없지만, 사랑만큼은 듬뿍 들어간 김장김치와 환자에게 좋을 것 같은 과일을 이것저것 챙겨 차에 실었다. 친구 집을 처음 찾아가려니 잘 찾아갈 수 있을까 걱정이 앞섰지만 내게이션을 믿고 목적지를 향해 달렸다.

아침부터 내리던 비는 톨게이트에 들어서자 점점 굵은 빗방울로 변했다. 부딪히는 빗방울이 앞 유리창을 사정없이 강타했다. 게다가 주말이라서인지 고속도로에 차가 많이 밀리기 시작했다.

평일 같으면 한 시간 반에 도착할 곳이지만 두 시간 반 만에 친구의 집 근처에 도착했다. 그런데 믿었던 내비게이션이 제구실하지 못했다. 집 근처를 빙빙 돌면서 애를 태웠다. 당황한 마음에 친구에게 전화하니 공교롭게도 남편과 함께 강원도 산사로 기도하러 가는 중이라고 했다. 그래도 태연한 척하고 경비실에 맡기고 갈 테니 걱정하지 말고 잘 다녀오라고 했다. 참으로 난감했다. 저 멀리에 친구의 아파트가 눈에 보이는데도 가까이 가니 진입로가 여러 갈래로 나누어져 있어 진입하기가 곤란했다.

급기야 내비게이션은 엉뚱한 자동차 도로로 진입시켰다. 얼마를 정처 없이 달리다가 겨우 뉴턴을 하여 친구의 아파트 입구에 들어섰다. 우여곡절 끝에 도착한 경비실에는 오늘따라 아무도 없었다. 단지 내에 주차해 놓고 지붕 위에 내려앉은 젖은 낙엽만

애꿎게 털어내며 경비아저씨를 기다렸다. 한참을 지나서야 경비아저씨가 나타났다. 짐을 경비실에 맡기고 다시 집으로 출발했다.

아침은 물론 점심도 굶은 터라 시장기가 몰려왔다. 가까운 휴게소에 들러 따뜻한 콩나물국밥 한 그릇으로 몸과 마음을 달래고 다시 고속도로로 진입했다.

비는 오후가 되니 더 퍼부어 댔다. 핸들에 힘을 주고 다시 고속도로를 주행하는데 식곤증 몰려왔다. 어둑해지는 도로에는 고속으로 달리는 차들은 정지된 듯 흔들림 없이 질주했다. 점점 어두워져 가는 도로는 시야마저 흐릿해지며 차들이 일제히 감속했다. 더욱 졸음이 밀려왔다. 말동무라도 옆에 있다면 의지가 될 터인데 혼자인지라 두려움마저 밀려왔다. 앞차와의 차간 거리조차 점점 불분명해지기 시작했다. 금방이라도 사고가 날 것만 같았다. 생각 끝에 방향을 틀어 국도로 향했다. 밖은 이미 칠흑 같이 어두워졌다. 그런데 아무리 달려도 표지판은 보이지 않고 내비게이션은 직진으로만 안내했다. 얼마를 가다가 보니 청주로 진입해야 하는데도 불구하고 차는 이미 세종을 지나 공주로 향하고 있었다. "아차" 또 길을 잘못 들어선 것이 아닌가! 당황한 마음에 다음 진입로에서 다시 뉴턴을 했다. 그렇게 들어선 길이 이번에는 낯선 산길이 나타났다. 겨우 차 한 대 다닐 수 있는 협곡은 캄캄한 밤에 퍼붓는 비로 섬뜩함 마저 들었다. 초행길에 내비게이션은 나의 의지를 시험하기라도 하듯 점점 깊은 산속으로 끌고 들어갔다. 산길 옆 작은 푯말에는 '헐떡고개'라고 표기가 되어있다. 갑자기 으스스한 기분이 밀려들기 시작했다. 차량이 한 대도 보이지 않았다. 고개를 넘을 때마다 산의 모습은 점점 두려움과 공포로 변해갔다. 그렇다고 되돌아갈 수 없어 발끝에 힘을 모아 산길을 굽이굽이 돌았다. 한참을 달리다 보니 이번에는 '떡실신 고개'라는 푯말이 보였다. 머리칼이 곤두섰다. 반달곰이라도 불쑥 튀어나올 것 같은 기분이 엄습해 왔다. 나 자신도 모르게 기도가 나왔다. "주여 도와주시옵소서" 이 한마디만 계속 되뇌며 페달을 밟았다. 그렇게 꽤 긴 시간을 계속 직진하다 보니 저만치에서 극적으로 자동차 불빛이 보였다. "이제 살았구나" 안도의 한숨이 저절로 나왔다. 무조건 그 차를 따라붙었다. 그러자 얼마 지나지 않아 드디어 조치원이 보이기 시작했다. 신세계를 찾은 것만 같아 감사의 기도가 절로 나왔다. 노심초사하며 집에 도착하니 오후 8시가 넘어 있었다. 얼마나 긴장을 했는지 목과 어깨가 뻐근히 저렸다. 그야말로 떡실신이 되도록 혼쭐이 난 외출에 나 자신이 한심하기도 하고 화도 났다.

이번 일을 경험하며 많은 생각이 오갔다. 주기적으로 내비게이션을 업그레이드하지 않은 것도 내 탓이고, 변수가 생길 것을 대비하지 못한 것도 내 탓이었다.

이젠 시행착오를 줄일 만한 나이건만 아직도 복잡하고 머리 쓰는 일은 아이들 몫으로 돌리고 마는 성격 탓에 혼쭐이 난 것임을 안다. 언제나 적당히, 어떻게든 되겠지, 하는 안일한 생각으로 준비 없이 살아온 날들을 반성하며 성찰했다.

몸은 피곤한데 잠이 오지 않는다. 오늘, 이 시련은 무엇보다도 하늘이 내려 준 계시이기도 했다. 마음이 아픈 친구에게 닥친 어려움을 잠시나마 함께 체험하라는 계시가 아니었을까 하고 생각하니 오늘 하루쯤이야 아무것도 아니었나 싶다.

인생의 긴 항해에서 갈 길을 안내하고 큰 위험을 피할 수 있도록 도와주는 내비게이션이 있다면 백약이 무효인 친구 남편도 좀 더 일찍 병을 발견하여 지금쯤은 건강한 삶을 유지하지 않았을까 하는 생각을 해본다.

이제는 내 인생의 삶도 점검할 때라는 걸 안다. 지금부터라도 하나씩 보완해 나가지 않으면 언젠가는 그야말로 떡실신이 되도록 호된 대가를 치르게 될 것만 같다.

주어진 일은 신중하게 다시 보고 빈틈없이 채워가며 다가오는 삶을 계획하고 준비하는 자세로 바꿔야겠다고 다짐해 본다.

그림 지기(知己)

봄비가 보슬보슬 내리는 날, 갤러리 안에는 작가의 독특하고 아름다운 작품들이 전시되고 있었다. 사랑과 낭만이 꿈처럼 부풀어 있는 그림들을 보면 나 또한 행복해진다. 그중 시선을 끌었던 그림 한 점이 십여 년 전 기억을 떠오르게 했다.

어느 날, 어느 이름 모를 독자에게서 등기 우편물이 왔다. 개봉하니 에어캡에 곱게 포장된 A4 용지 그림 편지 한 점과 손편지 한 통이 동봉해 있었다. 파도가 부서지는 바닷가 언덕 위에 두 그루의 굽은 소나무가 세

찬 바람에 흔들리며 쓰러질 듯하면서 서로 기대고 있는 풍경화가 그려져 있었다. 제목이 「부부 소나무」였다.

편지에는 '저는 그림을 그리는 작가입니다. 쓰신 글에 감동을 받고 밤을 꼬박 새워 그렸습니다. 앞으로도 더욱더 좋은 글 건져 내시어 세상을 비춰 주십시오.'라는 글이 적혀 있었다.

생각해 보니 얼마 전 00 문학에서 등단한 수필집에 실린 작품을 읽은 것 같았다. 처음으로 실린 글이 세상에 알려지면서 뜻밖에 좋은 보너스를 받게 된 것 같아 기쁘기도 하고 한편 놀랍기도 했다. 누구일까, 의문이 생겼지만, 독자이려니 생각하고 감사한 마음으로 받아 두기로 했다.

그런데 그림 편지는 그다음 주에도 또 배달되어왔다.

'7월의 여심' 이란 제목으로 눈부신 장미꽃을 바라보고 있는 긴 생머리 여인의 모습이었다. 짙은 청색 바탕의 화려한 구성과 매혹적인 색채에서 정열적인 여심이 그대로 드러나 보였다. 역시 안부와 격려의 글이 실려 있었다. 그림에 전혀 소질이 없던 나는 화폭에 붓질만 되어 있어도 신비감을 느낀다. 그런 내게 나를 위해 그린 그림을 받고 보니 대단한 선물을 받는 기분이 들었다. 이번에는 그 사람의 사진도 함께 들어 있었다. 첫인상이 예사롭지 않았다. 지긋한 나이에 각진 얼굴에는 화가의 연륜이 묻어 나왔다. 광채로 빛나는 두 눈은 예술가 특유의 분위가 살아 있었다. 사진을 보니 그의 솔직한 내면이 궁금해지기 시작했다. 생면부지의 나에게 이렇게 선물을 보내는 연유가 무엇인가, 어쭙잖은 수필 한 편으로 너무 큰 보상을 받는 것 같았고, 그러면서도 점점 빚쟁이가 되는 기분도 들었다. 이쯤 되면 답례라도 해야 하는 갈등이 생겼다. 밤을 새워 그린 마음을 모른 체해야 하는지, 아니면 감사하다고 인사를 해야 하는지 고민하다가 또 그냥 넘기고 말았다.

또다시 찾아온 주말, 어김없이 그의 그림 편지가 또 도착했다.

작품 하나하나 느낌이 다른 작품들은 웅혼하면서도 때로는 청아한 울림을 주었다. 날씨에 따라 작품을 보는 느낌도 다르다는 걸 느꼈다. 그러나 점점 부담스러워지기 시작했다. 이제야말로 이번에는 예의상으로라도 연락을 해야만 할 것 같았다.

결국 우편물에 적힌 연락처로 반신반의하는 마음으로 전화를 했다.

유선상으로 들려오는 걸쭉한 목소리, 진한 경상도 사투리가 낯설었다. 서로 어색함 때문인지 간단한 인사말만 주고받았다. 그 후 전화보다는 메신저로 대화를 나누었다. 그는 평생 그림을 그려오고 있으며, 후배 양성을 위해 강의도 한다며 보내는 작품은 순수한 마음으로 받아주길 원한다고 했다. 그는 화가가 아니면 시인이 되었을 것이라며 너무 부담 갖지 말라고 했지만, 여전히 빛진 마음을 덜어내지 못했다.

한 달 두 달이 지나자 새로운 파일 안에는 그가 보낸 작품으로 차곡차곡 쌓여 갔다.

그림은 특정된 사람들만이 가질 수 있는 것이 아니라는 것을 알고 나니 그림이 한결 친근하게 다가왔다. 그가 보내온 작품을 보고 있으면 작품의 특징에 따라 평온한 작품을 보면 마음의 위안을 얻고, 열정적인 작품을 보면 희망과 도전 의식을 갖게 했다.

그의 분신과도 같은 작품을 받고도 마음이 조금 편할 수 있었던 것은 주고자 하는 마음을 존중함이며, 열정이 그를 버티게 하는 힘이 될 것이라는 지극히 개인적인 생각으로 합리화시키며 나 스스로 부담에서 벗어나려고 했다.

이번 주에는 책 한 권이 도착했다. 『화가의 아내』 이 책은 화가들의 아내에 대한 내용이었다. 화가 아내들의 기구한 삶은 화가들의 작품 안에 고스란히 녹아 있었다는 것을 알게 되었다.

샤갈, 모딜리아니, 모네, 이 화가들은 아내를 먼저 보내고 불행한 삶을 살아야만 했고, 폴 고갱의 아내 메테는 남편의 방랑이 심해 남남으로 살았다. 마네의 아내 수잔은 아버지의 극심한 반대로 아버지가 세상을 떠난 후에야 사랑을 이루며 살았다.

밀레와 두 번째 아내 카트린은 가족의 인정을 받지 못한 동거

인으로 살아야만 했다.

화가의 아내들과 만남은 대부분 모델을 서다가 아내가 된 경우가 많았고, 남편보다 먼저 세상을 떠난 아내들도 많았다. 화가들의 아내는 남편의 영광과 명성을 반드시 함께 나눈 것은 아니었다. 화가 아내들에 대한 삶을 읽다 보니 문득 그의 아내의 삶은 어떨까 궁금해져 왔다. 확실하지는 않지만, 그도 아내와의 관계는 그리 행복해 보이지는 않다는 것을 어느 날 그가 푸념처럼 늘어놓는 말들로 짐작할 수 있었다.

사람이 살아가는 데 있어서 참다운 지기(知己)가 늘 곁에 있다면 그것이야말로 큰 축복이 아닐 수 없다. 그런데 아내가 곁을 지켜주지 못하고 홀로 살아가야만 하는 그의 삶도 '화가의 아내'의 한 페이지를 차지하고 있다는 생각이 들었다.

춘추시대 거문고의 명수로 이름 높은 백아는 자신의 음악을 누구보다도 잘 감상해 주고 이해해 주었던 종자기가 죽자 그의 무덤에 가서 마지막 거문고를 타고 난 뒤 줄을 끊어 버리고 다시는 거문고를 타지 않았다. 지기를 잃고 두 번 다시 거문고를 타지 않은 백아절현(伯牙絶絃)은 오늘날까지 커다란 울림을 준다.

백아가 연주의 명수라면 종자기는 듣는 명수로 두 사람의 인연은 시대를 대변해 주었다. 이처럼 지기는 말하지 않아도 알 수 있어야 하고, 묻지 않아도 대답해 줄 수 있는 관계일 때 참다운 지기라는 생각에 이른다.

화백과의 인연은 직접적인 만남도 없이 일 년이 넘었다. 근거리에 있었다면 벌써 만날 수도 있었겠지만, 원거리에 두고 서로가 머뭇거리기만 했다.

푹푹 찌던 여름날도 꼬리를 감추고 조석으로 상큼한 바람이 불어왔다. 가을이 지나도 화백에게 소식이 없었다. 궁금했지만 바쁘겠지, 하는 마음에 먼저 연락하지 않았다.

그렇게 또 계절은 바뀌었다. 겨울의 문턱에 들어서자 날씨가 변덕을 부려댔다. 갑자기 외출하기가 선뜻 내키지 않을 만큼 수온이 내려갔다. 모두가 종종걸음으로 겨울 채비를 하느라 바삐 움직였다. 이제, 한낱 한여름 밤의 꿈으로 기억하며 나름대로 일상에 젖어 들 무렵 문자가 왔다.

"요즘 건강이 좋지 않아 병원에 입원하고 있습니다. 검사 결과가 내일 나오는데 결과 나오는 대로 연락하겠습니다."

건강이 나빠져 힘들어하고 있었던 것을 내 일에만 집중하느라 신경을 못 쓴 것이 무심한 것 같아 자책감이 들었다. 그렇다고 달려가 볼 수도 없는 처지인지라 좋아졌다는 소식만 기다리고 있었다.

그가 건강에 위협을 느끼고 있다는 것을 안 것은 그로부터 보름 뒤였다.

시나브로 몸에 이상 징후가 생긴 것을 미처 챙기지 못한 것이 뇌 질환을 키우고 만 것이다. 그런 후 점점 소식이 뜸해졌다. 연락이 두절된 것은 그만의 탓도 내 탓도 아니었다.

어느 날 문득 찾아온 설렘. 십여 년이 지난 지금은 어떤 모습일까.

사람 관계는 하도 복잡 미묘한 것 같아서 정답이 없는 것 같다. 그렇게 영원할 것 같았던 마음도 시간이 지나니 점점 멀어져 갔다. 단 한 번의 만남도 없이 그렇게 그와의 인연은 오래된 약속처럼 기억조차 희미해졌다.

그랬다. 둘 사이는 사람과의 만남이 아니라 그림과 문학의 만남이었다. 그림자처럼 찾아와 그림자처럼 사라져 간 일 년의 지기(知己)로 만났지만, 그로 인하여 다양한 지식과 지혜를 얻은 것으로 감사했다.

보랏빛 향연

들녘을 지나 시골 마을 입구에 들어서니 활짝 핀 보랏빛 꽃창포가 무리 지어 환하게 맞이해 준다. 물오른 꽃 색깔이 매혹적이고 자극적이다.

푸르른 대궁에 짙은 보라색 꽃잎을 함초롬히 피워 낸 꽃창포는 수줍음 많은 아씨의 곱게 땋은 머리끝에 매달린 댕기처럼 가슴을 설레게 한다.

오래전부터 이곳에서 나를 기다리고 있었던 것만 같아 나도 모르게 가까이 다가가 교감을 나눈다. 붓꽃보다 꽃잎도, 크기도, 모양도 다른 이 꽃창포가 다 지기 전까지 오롯이 혼자만의 애정을 쏟아도 좋을 듯하다.

유난히 보라색을 좋아하게 된 추억이 있다.

고1 때 '바람과 함께 사라지다.' 영화를 관람하게 되었다. 주인공 비비안리의 탁월한 미모와 고운 몸매에 걸친 환상적인 연보랏빛 드레스는 시골 소녀의 눈에는 황홀함 그 자체였다. 화려하고 우아한 의상은 비비안리의 가느다란 허리를 더욱 강조했다. 어떤 남자라도 이 드레스를 입은 그녀의 앞에서는 저항하지 못할 것만 같았다. 비비안리의 미모와 의상의 화려함에 넋이 나간 소녀는 그 후 보라 소녀가 되었다. 어쩌다 비가 개인 하늘에 무지개만 보아도 비비안리를 보는 것 같아 마음이 달아올랐다. 보라색은 소녀 시절의 이유 없는 방황을 잠재워 준 내 안에 힘을 내는 마법의 색깔이었다.

막내 이모는 읍내에서 자그마한 양장점을 했다. '은혜 양장점'은 이모의 이름을 딴 간판이다. 이모의 하얀 얼굴처럼 아담하고 정이 가는 간판은 이모가 시집을 갈 때까지 생활 터전이었다.

고등학교 2학년 때 봄 수학여행을 가게 되었다. 늘 언니들의 옷을 물려 입었던 나는 엄마에게 새 옷을 사 달라고 졸라댔다. 수학여행 때만큼은 새 옷을 입고 싶었다. 어머니의 치맛자락을 잡고 뒤를 따라다니며 허락해 주실 때까지 보챘다. 드디어 어머니는 새 옷을 맞춰 주겠다며 이모 양장점으로 데리고 갔다. 이모의 양장점에는 오색 실패가 한쪽 벽면을 가득 차지하고, 크고 작은 바늘이 꽂혀 있는 바늘집, 스팀다리미, 재단용 자와 제법 크고 무거운 재단용 가위, 그리고 재봉틀 3대가 줄지어 있었다. 한쪽 벽면에는 형형색색 고운 옷감들이 나란히 자리를 차지하고 있었고, 다른 한쪽 벽면에는 이미 완성된 옷들이 주인을 기다리며 얌전히 걸려 있었다. 그중 유난히 눈길을 끄는 연보랏빛 블라우스와 진한 보라색 스커트가 눈에 쏙 들어왔다.

이모는 커다란 스케치북을 테이블 위에 펴 놓으며 그 당시 가장 유행하던 엘레강스한 스타일로 순식간에 스케치했다. 발랄한 느낌이 나는 파란색 짧은 재킷에 새하얀 셔츠와 아이보리색 팬츠가 어떻겠냐며 옷감을 내 몸에 대보면서 어떤지 의향을 물었다. 그러나 나는 걸려 있는 보랏빛 블라우스와 똑같은 색으로 재킷을 만들어 달라고 했다. 그날 이후로 기대감을 잔뜩 안고 방과 후 설레는 발걸음으로 양장점을 찾아가면 이모는 다른 사람 옷만 만들고 있었다. 재단, 가봉, 바느질까지 혼자서 옷을 만들어야 하는 탓에 내 옷은 늘 뒷전이었다. 내 옷은 언제 만들지 알 수가 없었다. 며칠 동안은 곧 완성될 나의 예쁜 옷이 아른거려 잠이 오지 않았다. 여행 날짜가 이틀 앞으로 다가왔다. 오늘은 멋진 옷을 보겠지, 궁금증에 달려갔다. 은혜양장점 쇼윈도 안에는 완성된 내 옷이 걸려 있었다. 기분이 날아갈 듯 좋았다. 이모는 나를 위해 밤새워 만들었다며 옷을 입혀 주었다. 거울 앞에 선 나는 한 떨기 보랏빛 꽃창포처럼 활짝 피어났다. 수학여행지에서도 단연 눈에 띄었다. 친구들이 서로 입겠다고 빼앗아 가는 바람에 정작 나는 체육복만 입고 다녔다.

그 재킷은 그 후 몇 번의 봄을 보냈고, 색이 바랠 대로 바랜 다음에서야 동생에게로 넘어갔다.

졸업 후 직장에 다닐 때도 보라색 계열의 옷이 대부분이었다. 옷뿐만 아니라 스카프, 머플러, 장갑, 심지어 속옷도 옅은 보라색으로 입었다.

보너스를 받는 날이면 옷을 맞춰 입는 날이었다.

마음에 드는 기성복을 발견하면 디자인과 색상을 기억해 놓고, 내 몸에 맞는 하나뿐인 특별한 옷을 얻기 위해 의상실을 찾았다. '러보오그'는 나의 단골 의상실이었다. 젊은 부부가 운영하였는데 여자는 디자인을 했고, 남자는 재단을 했다. 그녀는 나에게 보라색이 참 잘 어울린다며 바탕이 보라색이 아닐 경우에는 손목 부분과 스커트 밑단에 보라색 천을 덧대어 분위기를 주었다.

특히 겨울에는 롱코트를 비롯하여 도톰한 투피스까지 짙은 보라색 옷을 입고 나설 때의 기분은 최고의 날이었다. 그윽하고 차분한 분위기의 보라색 옷들 덕분에 주위 시선을 받았던 그때를 생각하면 지독한 보라 사랑으로 실제 나이보다 더 나이를 들어 보이게 했다는 것을 몰랐다. 화려한 보라색 결혼식 예복을 마지막으로 '러보오그' 의상실도 다양한 기성복 출현으로 사라졌다. 어쨌든 지금 생각해 보면 왜 그 색을 집착했는지, 아마도 사람들에게 관심을 많이 받고 싶었던 것은 아니었을까 한다.

중년의 나이가 되니 가끔 보라색 옷이 다시 입고 싶어진다. 그렇다고 사람들에게 관심을 받고 싶은 마음은 아니다. 그저 단아하고 화사함을 주는 색상이라서 좋아한다.

며칠 전에도 보라색 재킷을 샀다. 소녀 시절에 입었던 보라색 재킷과는 전혀 다른 분위기였다. 이제는 소녀적 이미지는 한 곳도 남아 있지 않았다. 올해는 보라색 톤이 유행인지라 보라색 옷들이 눈에 많이 띈다. 더는 옷을 사지 않겠다고 다짐하지만, 보라색 옷 앞에서는 무장해제 되는 나를 발견하게 된다.

보라색을 좋아하는 사람은 심리학적으로 미의식, 예술에 관심이 많다고 한다.

빨강의 강인함과 파랑의 불안함을 동시에 내포하는 양면성을 지닌 컬러로 복잡한 성질을 갖고 있다고 한다. 그 성향의 사람들은 대부분 내면의 사랑과 증오, 강함과 약함, 희망과 절망 등 상반된 마음을 받아들이는 힘이 있고, 감정이 풍부하고 예술적 공감을 가질 수 있는 사람이라고 한다. 그러나 사람을 잘 믿지 않는 단점도 있으며, 혼자 있는 것을 좋아해서 수줍음이 많고 겁이 많다 하니 심리학적 논리가 틀린 말은 아닌 것 같다.

보라색을 좋아하기 시작했던 시기부터 예술적 재능이 싹튼다는 말은 나를 두고 한 말 같아 피식 웃음이 난다.

나는 어쩌다 보라에 반해 버렸나, 보라가 나를 붙잡는 것인지, 내가 보라를 붙잡는 것인지 알 수가 없다.

수행

불각사 입구에 들어서니 길 양옆으로 수많은 돌탑이 길게 늘어서 장관을 이루었다. 일렬로 세워진 돌탑 대의 사열을 받으며 걷자니 발걸음이 조심스럽다. 모양도 제각각 크기도 제각각인데도 나름대로 질서와 조형미가 있었다. 큰 입을 벌리고 있는 멍석 바위 입안에도 오밀조밀한 작은 불상들이 가지런히 쌓여 있었다. 경내로 들어설수록 스님의 원력(願力)이 느껴지는 듯했다. 절 마당 입구에는 정교하면서도 빈틈없이 쌓인 원추형 돌탑성을 보는 순간 그 크기에 놀라움을 금치 못했다. 절묘하게 쌓아 올린 돌탑을 보니 가슴에 파문이 일었다.

요사채 앞마당에도 아기자기한 모습의 돌탑들이 속삭이듯 모여 있었다. 돌탑들은 다생 다겁 지어온 모든 업장이 소멸하여 탑으로 환생한 듯했다.

이 많은 돌탑을 이곳 관봉 스님이 수십 년 동안 쌓고 마음의 결을 다듬으면서 각자의 자리에 맞게 쌓아 줌으로써 연을 맺어 주는 작업을 하고 있다고 했다. 그래서 이 탑들을 '인연의 돌탑'이라 부르며 이 길을 '인연 돌탑 길'이라 부른다고 한다. 돌마저 운명의 짝을 만나 제자리에서 빛을 발하고 있다고 생각하니 단 하루도 무의미하게 살아서는 안 되겠다는 다짐을 하게 된다.

마침, 스님과 면접의 행운을 얻었다.

"스님, 왜 이렇게 돌탑을 계속 쌓으시나요."

"이게 곧 수행입니다."

"그럼 앞으로도 평생 쌓으실 건지요."

"그래야지요."

"힘들거나 외롭지 않으신가요."

"수행은 결국 자신이 행복해지기 위해 하는 것이지요."

"스님께서는 돌탑을 어떤 마음으로 쌓고 계시는지요."

"하나의 돌을 올려놓으면서 마음의 번뇌를 하나씩 내려놓고 있습니다.

그러다 보면 마음의 평온을 얻게 되지요."

“저는 늘 번뇌가 사라지지 않는데, 어떻게 하면 번뇌에서 벗어날 수 있는지요.”

“집착을 버리고 욕망에서 벗어나야 합니다.”

스님과의 대화는 여기서 멈춰야 했다. 곧 저녁예불 시간이 되었기 때문이다.

스님이 돌을 쌓는 이유는 단순히 작품을 만드는 것이 아닌 수행이었다. 누가 시킨 것도 아니다. 오로지 자신의 허술한 빈틈을 채우고 튀어나온 돌의 면을 두드리고 또 두드리며 자신의 마음을 다독여 오신 것이다

내가 쌓는 신앙의 탑은 허름하고 부실하기만 하다.

마음의 수행까지는 못 가더라도 신앙의 탑은 쌓으면 걱정도 근심도 사라지련만, 어쭙잖은 신앙의 탑은 쌓으면 쓰러지고 또 쌓으면 쓰러지는 모래알처럼 주르륵 흘러내리기만 할 뿐이다.

수행의 길은 고난과 번뇌의 강을 건너는 과정과 같다고 했다.

마치 농사를 짓기 위해 밭을 갈 때 먼저 돌들을 골라내야 하듯이 우리 마음 안에 있는 욕심을 먼저 제거해야 수행의 단계로 들어갈 수 있다고 한다.

하지만 나는 작은 내적 갈등에서조차 벗어나지 못하고, 늘 고

민과 걱정을 안고 살았다. 세속과 쾌락의 탐욕으로부터 나를 해방할 수 있는 방법은 지속적인 마음의 수양을 쌓아야 한다는 스님의 말처럼 쉬운 일은 아니다.

나는 다시 혼돈에 빠졌다.

어렵고 힘든 수행자의 삶을 택하며 번뇌 없는 삶을 살 것인가, 아니면 쾌락으로 물든 인간의 속성을 그대로 지닌 채로 쾌락은 있지만, 세속의 번뇌 속에서 살 것인가. 과연 어떤 것을 선택해야 할지 다시 고민에 빠진다. 나약한 의지력은 자꾸만 후자의 삶을 택하며 살라고 종용하고 있다. 술이 몸에 좋지 않다는 것을 알면서 마시는 것과 같이 타성에 젖은 삶은 나를 변화시킬 수 없다고 합리화시키곤 했다.

돌탑 길을 걷는데 문득 스치는 무언가가 있었다.

'그래, 생각을 달리하면 무엇이든 해낼 수 있어.'

이곳에서 나는 오늘 커다란 깨달음을 얻었다.

오를 때 길을 맞이했던 돌탑은 내려갈 때는 느낌이 달랐다. 돌탑은 바닥으로 가라앉았던 나의 마음을 다시 일으켜 세우고 새 기운을 주었다.

그동안 고통이 나를 붙잡는 것이 아니고, 내가 고통을 붙잡고 있었던 것이었다. 마음을 바꾸고 나니 감사한 일뿐이다.

돌탑을 보면서 나를 돌아보고 나를 찾는 시간이 되었다.

사소한 일에도 연연하며 자신을 들볶던 지난날에 마음의 토닥임을 받은 날이었다.

수행이란 반드시 고통과 번뇌의 강을 건너야만 하는 것이 아니라 이처럼 '깨닫는 것'이 아닐까 한다.

조각보

아들 결혼식을 한 달 앞둔 친구가 신붓집에서 보내온 예단을 구경시켜 주었다. 예단을 싸 온 다양한 보자기가 하나같이 얼마나 곱던지 눈을 뗄 수가 없었다.

특히 쪽을 맞춰 만든 양모 이불은 오방색으로 고급스럽고도 색 조합이 참으로 고왔다. 예단함을 싼 비단 조각보에 절로 눈길이 갔다. 화려하고 우아한 색감이 신부의 어머니를 보는 듯했다. 조각보 안에는 새로운 부부의 가정에 좋은 일들이 일어나길 기원하는 마음과 딸을 어여삐 보아 달라는 친정어머니의 마음이 가득 담겨 있는 듯했다.

손재주가 많은 둘째 언니는 늘 바느질을 하고 있었다. 양장점을 하는 이모에게 얻어온 천 조각들을 모아 두었다가 이리 붙이고 저리 덧대어 한 땀 한 땀 공력을 들였다. 언니는 조각보를 비롯하여 손수건, 옷 덮개, 창문 커튼, 심지어 요 커버까지 손수 만들어 집안을 꾸몄다. 버려질 운명이었던 가지각색의 조각들을 모아 만든 하나의 조각보에는 온통 언니의 삶이 배어 있었다. 불규칙한 모양을 조화롭게 이어주기도 하고. 솔기 부분의 실이 풀리지 않도록 이중 홈질을 해서 솔기를 감싸던 언니의 손놀림은 어린 나에겐 장인과도 같았다. 혼수로서도 손색이 없었던 언니의 조각보는 명절이 되어 찾아오는 사촌 언니들에게 최고의 선물이 되었다.

나는 바느질을 하는 언니 곁에서 '헝겊 모으기' 숙제에 열중했다. 우선 스케치북에 강아지, 송아지. 사람 모양을 오려낸 곳에 예쁜 헝겊이 드러나도록 스케치북 뒤쪽에 헝겊을 붙이는 작업이었다. 언니는 각종 모양에 어울리는 천 조각을 골라주며 옷감의 종류와 특성까지 자세하게 알려 주었다. 깔끔하고 노트 정리까지 완벽한 작품은 우수상을 차지했다. 방과 후면 언니 곁에 착 달라붙어 세계 명작 이야기를 듣는 일은 최고의 즐거움이었다. 『어린 왕자』 『안데르센 동화』 『톰 소여의 모험』 이야기는 나에게 상상력과 창의력도 함께 키워 주었다.

5학년이 되자 나는 언니의 능숙한 솜씨를 따라 하며 바느질을 배우기 시작했다. 언니는 몇 가지의 천 조각을 주면서 이어 보라고 했다. 온종일 바느질에 매달려 잇고, 뜯고, 다시 잇고, 뜯고 하여 사각 모양 수건 하나를 완성하였다. 언니는 내가 울퉁불퉁 이어 만든 조각보에 노랑나비 수를 놓아 주었다. 비록 남들에게 자랑할 만큼 멋진 조각보는 아니었지만, 나에게는 첫 정성이 깃든 조각보이자, 언니의 사랑이 묻어나는 소중한 소지품이 되었다. 도시락을 싸기에 적당한 크기였던 그 조각보로 초등학교 내내 도시락을 싸서 다녔던 기억이 난다.

옛 기록을 보면 양반집 규수가 혼수를 해갈 때 보자기를 줄잡아 150개, 더 큰 집에서는 500개까지 준비했고, 서민이라고 해도 4, 50개 정도를 준비했다고 한다. 물건을 싸 두면 복이 된다고 믿었다. 신부의 어머니는 혼수 보자기를 만들며 시집갈 딸에게 혼수를 싸 주면서 살아가면서 불안하거나 두려움을 물리치기를 비손했다. 혹여 낯선 시집살이로 마음이 흐트러질 때마다 인내심으로 극복하길 바라는 마음도 함께 꽁꽁 싸매며 마음을 다잡기를 바랐다.

조각보는 예전에는 쓰다 남은 천 조각을 활용하려는 알뜰한

절약 정신과 미적 안목이 있는 여인들이 솜씨를 발휘했지만, 요즘은 예단과 예물을 싸는 용도뿐만 아니라 인테리어로도 큰 사랑을 받고 있다.

우리 삶도 하나의 조각보이다.

각각의 다른 사람이 모여 하나의 공동체를 이루며 살아가는 것도 같고, 하루하루가 이어져 한 달이 되고 한 달이 모여 일 년이 되고 일 년이 모여 평생을 살아간다.

인생의 달고 쓰고 매운 경험을 모아 하나의 사랑으로 승화시키는 것도 닮았다.

도시락이 흔들리지 않도록 늘 보자기에 싸 주시던 어머니, 단 하루도 흔들리지 말고 안정적인 날이 되기를 염원하셨을 것이다.

조각보는 사랑과 융화와 조화의 결정체로 모자람도, 헤아림도, 넉넉함도 모두 내포된 어머니 치마폭 같다.

아름다운 동행

지난 1월 중국 우한에서 시작된 코로나19 확진자수 현황을 보기 위해 매일 아침 컴퓨터를 켠다. 6월 20일인 오늘 현재 확진자가 국내에서만 12,000명을 넘어섰고 사망자가 280명에 달하고 있다. 뉴스를 확인하다 보면 사회 공헌 플랫폼에 눈길이 간다. 이곳에서는 다양한 서비스와 협업을 통해 많은 이용자가 기부에 참여할 수 있는 환경을 만들고 있었다. 누구나 모금을 제안할 수 있고 진행까지 할 수 있는 자발적 모금 플랫폼은 후원금을 모금하는 단순한 기부를 넘어 시간을 기부하는 서비스로 영역을 확대하기도 했다.

힘들어 하고 있는 사람들의 어려움을 보며 고통을 함께 나누고, 친구가 절실히 필요한 사람들에게 작은 손길이라도 도움이 되고 싶었지만 어디로 어떻게 기부해야 할지도 모르겠고, 어느 정도의 금액을 내야 하는지도 몰라 '나중에 기회가 되면'이라는 이유로 미뤄 왔었다. 그런데 이곳에서는 많은 돈이 아니어도 한 번의 클릭으로 이웃을 도울 수가 있었다. 이렇게 손쉽게 기부할 수 있다는 것에 플랫폼을 개설한 아이디어가 훌륭하다는 생각이 들었다.

이제야 둘러보게 된 페이지에는 이미 많은 사람이 나눔 활동에 참여하고 있었다.

직접 돈을 기부하는 방법 외에도 글을 공유하거나 응원하는 방법으로도 기부가 가능했다.

오늘은 코로나19로 인해 사투를 벌이고 있는 의료진들을 위한 「감사와 위로를 음악에 담아 당신께」라는 주제를 가지고 힐링 콘서트와 함께 힐링 사운드 프로젝트가 진행되고 있었다.

코로나19 감염병 장기화로 인해 하루하루를 견디며 버텨 나가고 있는 사람들과 코로나19 전선에서 매 순간 묵묵히 싸워 나가고 있는 의료진을 위한 후원이었다.

수개월째 코로나19와 힘겹게 싸우고 있는 의료진들 모습과 그들의 두 손이 사진으로 보도되었다. 두 달 동안 장갑을 끼고 고생하는 의료진의 손은 습기가 차서 두 손이 허옇게 붓고 부르트고 허물이 벗겨진 사진을 차마 볼 수 없었다. '얼마나 고통이 심할까.' 그 거룩한 두 손을 보며 마음이 숙연해져 왔다.

매일 수고하고 애쓴 의료진들에게 위로가 되기를 소망하며 심리적 어려움을 겪는 이웃에게 심리방역 정서 지원 서비스를 제공하고 있었다.

폭염 속에서 방호복을 입고 물도 제대로 못 마시는 의료진들은 선별진료소에서 에어컨도 없이 일하다가 탈진해 쓰러지기까지 했다는 보도를 보았다.

최전선에서 감염의 위험을 안고 환자를 돌보는 의료진과 자원봉사자들의 심리적 스트레스 또한 계속해서 쌓이고 있다. 끝이 보이지 않는 터널처럼 자꾸만 길어지는 코로나19, 이런 상황을 이겨내기 위해서 만든 기부 플랫폼은 모두 공감을 하며 실시간 후원금이 쌓여가고 있었다.

코로나19 온라인 힐링 콘서트에서는 한 곡씩 설명과 함께 들려주고 있었다.

슈만의 「트로이메라이」 곡이 흐른다. 순수하고 꿈결 같은 아름다운 곡은 우아한 선율이 반복되며 꿈속에 있는 듯한 아련함은 지친 사람들을 위로하기에 좋은 음악이다. 거창하지 않아도 단순하고 소박한 멜로디에도 위로를 받으며 의료진들과 동참하는 마음으로 이 답답하고 불안정한 상황이 종식되기를 기도했다.

같은 플랫폼에서는 힐링 사운드 캠페인이 진행되었다. 배우 박보영, 박성훈, 진구, 한지민, 한효주 배우들이 참여하는 행사였다. 배우들이 함께하는 힐링 사운드는 1억을 목표로 시작한 운동이 벌써 3천만 원을 넘어섰다. 이 운동은 배우들이 노래나 시를 낭독하는데 한 번 들을 때마다 1,000원의 기부금이 적립되는 방식이었다. 적립하여 모은 기금을 기부한다. 몇 편을 참여하다 보니 오히려 내 자신이 감동이 일며 힐링 되었다.

보이지 않는 곳에서, 누가 알아주지 않아도, 모두가 잠든 순간에도 애쓰는 사람들, 코로나19로 인하여 더 각박해지고 힘들어진 우리 모두에게 따뜻한 위로가 될 것으로 본다.

다 같이 힘든 시간, 다 같이 힘내어 이겨냈으면 하는 마음이 간절하다. 의료진의 헌신과 열정에 깊은 감사의 마음을 전하고 나니 마음이 조금 가벼워졌다.

감당할 수 없는 현실, 어찌할 바를 몰라 뒤뚱거릴 때마다 지난 역사를 잠시 돌아보게 된다. 힘들었던 과거를 돌아다 보면 새로운 힘이 생겨난다. 바이러스로 인해 숨마저 제대로 쉴 수 없는 현실이지만 그래도 이러한 플랫폼들이 있어 희망은 살아 있다는 것을 느낀다.

이러한 현실 속에 자신이 가지고 있는 달란트를 나누고, 도와

주고, 협력하며 선한 영향력으로 동행을 할 때 더 살만한 세상이 오지 않을까 한다.

올해도 벌써 반이 지나가고 있다.

코로나19로 위기 속에서 희망의 끈을 놓지 않고 고군분투하는 분들께 감사의 마음을 담아 녹음이 짙어가는 계절의 그늘 속으로 초대한다.

바람의 노래

가끔 TV에서 방영되는 「인생다큐 마이웨이」를 본다. 오늘은 가수 혜은이 편이다.

혜은이는 올해로 64세이다. 나보다 서너 살밖에 많지 않은데도 그녀가 살아온 우여곡절은 나의 몇 배가 되는 것 같다. 결혼과 이혼, 재혼과 이혼, 그녀는 이제 후덕해진 모습으로 다시 무대에 서서 바람의 노래를 부른다. 목소리가 텁텁하게 들려온다.

7, 80년대의 시대를 풍미했던 그녀는 영원한 디바였다. 「당신만을 사랑해」 「제3한강교」 「열정」은 아직도

귓전에 여운이 맴돈다. 짧은 커트 머리에 앳된 얼굴, 17세로 혜성같이 나타난 그녀는 사랑스러운 국민요정이었다. 나의 청소년 시절은 그녀의 노래를 들으면서 성장했고, 그녀의 음악을 통해 풍부한 감성을 지닐 수 있었다. 여고 졸업 후 그녀의 헤어스타일을 따라 머리를 자르고 그녀의 패션을 따라서 옷을 입었다. 그녀의 아우라는 절대 지존이었다. 그러나 따라한다고 그녀가 되진 않았다.

50여 년이 지난 지금, 그녀는 그 찬란히 빛나던 그 시절의 맑은 웃음은 사라지고 자신은 '패배자'라며 담담하게 말하고 있다. 가수로서는 성공했지만, 여자로서는 아픈 삶을 살았다. 누가, 그녀에게 삶을 마감하고 싶다는 생각까지 들 정도로 험한 마음을 갖게 했는가, 주머니에 넣은 죽음의 알약이 가루약이 될 때까지 그녀를 죽음으로 몰아간 이야기가 궁금했다. 혹독한 시간을 참아가면서도 차마 죽을 수 없었던 것은 자식들이 '네 엄마가 자살을 했다.'는 말을 들을까 봐 참았다고 했다. 울고 싶어도 울 곳이 없어 참아내야만 했던 날들, 남편의 잇따른 사업 실패로 수백억의 부채를 짊어져야 했던 지난 30년은 고난의 연속이었단다. 끝없이 올가미를 조여 왔던 빚은 주변 사람들까지 모두 졸라매게 했다.

그러나 열악한 환경 속에서 희망을 찾을 수 있었던 것은 딸이 보내온 메시지 한 줄이었다고 했다.

"엄마, 이제부터 누구의 아내가 아닌, 누구의 엄마가 아닌 혜은이로 살아봐요."

가족을 빼면 아무것도 아니라고 생각했던 그녀는 그때야 가슴속에 아직도 노래가 살고 있었다는 걸 알았다.

비로소 그녀는 서로의 행복을 위한 마지막 선택으로 김동현과 이별한 후 '30초 절망, 3분 희망'을 품고 다시 시작했다. 하나씩 배워 나가며 홀로 익숙해지기 위해 무던히 노력하고 있다고 했다.

주변을 돌아보면 안타깝게도 가족 중 누군가로 인하여 온 집안이 힘겹게 살아가고 있는 가정을 심심찮게 볼 수 있다.

우리 집안도 그 운명을 피해갈 수 없었다. 큰아주버님은 공과대학을 졸업 후 국가 공무원에 취직했다. 집안에서는 장손으로 어딜 가나 신임을 얻었다. 그러던 중 십여 년 만에 공무원을 사직하고 제조업에 뛰어들었다. 창업의 꿈은 컸다. 쓰레기를 재활용하여 건축자재인 벽돌을 생산하기 위한 연구와 특허를 얻기 위해 생소한 분야에 뛰어들었다. 특허를 취득하기까지 투자는 계속되어야만 했다. 어음을 막기 위해 손바닥만한 묵정밭까지 저당권 설정으로 재산은 모두 은행의 소유가 되었다. 젊은 패기 하나만 믿고 경험도 없이 시작한 사업은 3년을 채 버티지 못하고 온 집안을 풍비박산으로 만들어 놓았다. 조상 산소에서부터 형제들 전

답까지 모두 하루아침에 경매 처분되었다.

털없이 모자라는 자금과 열악한 연구진은 완성품을 결국 내지 못하고 회사 문을 닫아야만 했다.

종산과 문전옥답을 모두 잃어버린 아버님은 온전한 정신으로 버틸 힘이 없으셨는지 독한 술로 사시다 세상을 뜨셨다. 형제자매들은 그 후유증으로 지금까지도 부채를 탕감해야만 했다. 집안의 대들보가 무너지니 남은 기둥마저 흔들리고, 형제들이 각자의 삶을 재건하기 위해 수십 년 동안 허리띠를 졸라매야만 했다. 과욕과 선부른 판단은 부친의 명을 재촉했고 큰댁은 평생을 죄의식과 가난의 굴레에서 벗어날 수 없었다. 좀 더 신중하고 좀 더 지혜로웠다면 가족 모두가 숱한 풍파를 겪지 않아도 되었을 것이다.

장손의 무게만큼이나 삶의 무게도 버거운 큰아주버니를 볼 때마다 지나친 과욕은 죄악이라는 생각이 들었다.

적당한 욕심은 자신의 목표와 성취를 위해 필요하나 과욕은 가정을 파괴하고 자신도 패배의 늪으로 빠지게 한다. 그것을 막아주는 것이 자기 성찰이다.

소욕지족(少欲知足) 적인 삶이야말로 손에 쥘 수 있는 행복이라는 걸 일찍 깨닫게 되었다면 혜은이의 남편도, 우리 큰아주버님도 가시밭 같은 황무지를 헤매지 않고 살고 있었을 것이다.

부자는 관리능력이 있는 사람에게만 주어지는 것 같다. 예로부터 부자의 지침이 되어 내려오는 경주 최씨의 비밀의 문을 열어 본다.

권력의 평상심과 필요 이상의 재물을 탐내지 않고, 과객을 대접하며, 흉년에는 재산을 늘리지 않으며, 검소하고, 자신의 주변을 돌보라는 덕목은 경주 최씨 부잣집의 300년 동안 전해져오는 가훈이다.

요즘, 작은 칩 하나에 우주가 담기고 인공지능이 인간의 뇌를 압도하고 있다. 10초면 인류가 쌓아온 역사를 다운받고, 3초면 영화 한 편을 다운받는 광속시대가 왔지만, 아날로그적인 최 부잣집의 비밀의 문을 여는 자만이 부자로 살아갈 자격이 있다고 본다.

노블레스 오블리주를 실천하며 개인적인 덕목과 사회적인 이념이 정립될 때 비로소 부자로 존중받게 된다는 생각에 든다.

혜은이, 그녀는 이제부터는 거친 바람의 노래를 부르지 않고, 따뜻한 노래로 다시 무대에 섰다. 그녀에게 쓰리고 아픈 계절이 지나고 다시 훈풍의 바람이 되어 아름다운 꽃을 피우는 전령사가 되길 기도한다.

대현사 각현 스님

각현 스님은 초등학교 남자 동창이다. 어려서는 같은 마을에서 자랐다.

시내 중학교를 등하교 하면서 ㅇㅇ대형마트를 지나갈 때면 그가 자전거에 무거운 짐을 싣고 배달하는 모습을 자주 보았다. 그런 그를 볼 때마다 수줍음이 많던 내가 먼저 그를 피해 돌아갔다. 그 후 미용실에서도 그가 미용 재료를 가지고 드나드는 것을 본 이후로는 만난 적이 없었다. 결혼 후 친정에 가서야 그가 출가(出家)했다는 말을 듣고 의아했다.

우암산 등산로를 타고 오르다 보면 작은 사찰들이 줄지어 들어서 있다. '대현사'는 그가 주지 스님으로 있는 사찰이다. 부처님 오신 날을 앞두고 초등학교 친구와 둘이서 대현사를 찾았다.

산 중턱에 자리한 사찰은 수십 년 터를 닦아 안정된 사찰 분위기를 자아냈다. 경내에 들어서니 마당에는 집안의 안녕과 자식의 복을 소망하는 신도들의 이름이 적힌 오색 연등이 가득 걸려 있었다. 산사에는 연둣빛을 띤 나무가 신록을 향해 물 들어 가고, 꽃망울을 막 틔우기 시작한 상사화가 수줍은 듯 고개를 내밀었다. 주변을 에워싼 오죽나무의 가지에는 산새들이 둥지를 틀고 종족 번식에 바빴다. 찌륵 찌륵, 뾰로롱, 삐익삐익 구애를 하는 산새 소리가 정겹게 들려왔다.

사찰에 비해 웅장한 황금빛 미륵 대불에 눈길이 간다. 미륵불 안에는 부처님의 진신 사리를 모셨다니 마음이 겸허해진다. 온전히 시주로 세워진 미륵불을 보며 주지 스님의 공덕을 엿볼 수 있었다. 아담한 대웅전을 비롯하여 뒤편에는 삼신을 모신 삼성각이 경내를 수호하고 있는 듯했다.

이제 막 독성을 끝낸 각현 스님이 우리를 맞아주었다. 정수리까지 벗겨진 민머리가 햇빛에 반사되어 환하게 빛이 났다. 우리는 느티나무 아래 놓인 원두막에 앉았다.

가끔 초등학교 모임에서 얼굴을 보여주는 각현 스님의 얼굴은 늘 평온해 보였다. 친구들 부모님의 장례식에서 망인의 길을 닦아주며 극락 장생을 염원하는 모습을 보기도 했다.

바람에 흔들리는 풍경소리와 경내에서 들려오는 옥추경 기도소리는 내 자신의 죄업을 모두 알고 있듯이 심경을 울려 주었다. 스님에게 참회해야 할 것 같은 기분이 들어 마주 앉은 그의 눈을 애써 피했다.

그러나 곧 우리는 종교적 이념을 떠나 초등학교 친구 사이로 돌아갔다. 각현 스님에게 이 길을 택한 이유가 궁금해졌다. 처음으로 우리는 스님에게 출가한 이유를 들을 수 있었다.

삶에 지치고 앞날이 아득하기만 한 어느 날 문득, 나는 무엇인가? 어디서 왔다가, 어디에 있으며, 어디로 가야 하는가에 대한 의문이 생기기 시작했다고 했다. 고통밖에 없었던 삶에 영원한 행복이 없는 것일까. 왜 살아야만 하는지, 이렇게 살다가 죽으면 무슨 의미가 있을까를 수없이 번뇌하며 진리를 알고자 나섰다고 한다.

그는 친한 친구가 죽어서도 아니고, 그렇다고 애인에게 버림받은 것도 아니다. 세상에서 찾아지는 행복은 영원하지가 않음을 깨닫고 진정한 행복 넘게 불가에서 진정한 나를 찾기 위해 이 길로 들어섰다고 했다. 젊은 나이에 출가해 사십여 년 동안 삶의 한계를 넘나들며 수행에 몸을 바쳤다 했다. 한 편의 모노드라마 같은 이야기를 들으며 함께 엄숙해졌다.

잠시 후 사찰에서 기거하는 나이 많은 여자 보살이 맑은 연두색의 작설차와 다과를 내왔다. 다도에 대한 이야기를 시작으로 자연스럽게 법문 이야기가 나왔다.

나는 요즘 라즈니쉬가 지은 명상 책을 읽으며 불교의 참선(參禪)에 대해 궁금해하고 있었다.

오쇼 라즈니쉬가 주장하는 도그마 명상법이 참인지 허구인지를 알고 싶다고 말했다.

기독교인이 어떻게 불교적 교리에 심취하느냐며 그가 빙그레 웃는다. 21세에 깨달음을 얻은 오쇼는 인간 의식의 발전단계를 규명하고, 현대인의 영혼에 진실로 필요로 한 것이 무엇인가를 설파했다. 지금도 그의 설법을 추종하는 신도들이 실제로 마음의 평안을 찾고 있는지, 그렇다면 왜 결국 파국으로 치닫게 되었는지, 그의 성설로 인해 인도인들처럼 실천 대신 명상만을 주장하기 때문에 인도가 지금 무기력한 것이 아니냐고 반문하자 그는 잠시 생각에 머물더니 자신의 선(禪)에 대한 의견을 말했다.

"나도 그것을 알기 위해 지금까지 참선에 대해 공부하고 있지. 그 부분에 대해서는 정답이 없는 것 같아, 사람마다 생각과 이념이 다를 뿐이지, 그렇기 때문에 모두 옳다고는 볼 수 없지"라며 정확한 답변을 피했다.

친구는 선은 명상을 통해서 이루어진다고 말했다. 나는 다시 반문했다. 실천 대신 명상만 한다면 세상은 누가 세워나가고, 미래는 누가 이끌어 나가느냐, 수행해서 아무리 평안을 얻었다고 하더라도 당장 입고 먹을 것이 없다면 무슨 소용이 있겠느냐고 반문하자 그는 단순한 나의 논리가 거슬린 것 같아 보였다.

"선(禪)이란 깨달음이야, 자기 마음의 본성이 무엇인가를 탐구하여 깨닫는 연습이지.

라즈니쉬의 수행법은 살면서 깨어 있는 것이라는 뜻이고, 깨어 있어 수행하다 보면 현실에 집착하지 않게 되고 결국은 억압에서 벗어난다는 뜻이야. 깨어 있으면 자신이 어떻게 살아가고 있는지를 마주하게 되는 거지."

그는 나의 짧은 견해를 안타까워했다. 그의 논리정연한 말에 저절로 고개가 끄덕여졌다. 돈오(頓悟), 점오(漸悟)한다 하더라도 깨닫는다는 것은 자신의 몫이다.

만약 그가 무조건 불교의 사상만 설파했더라면 그 역시 라즈니쉬와 다를 바 없었을 것으로 생각했을 것이다.

어느덧 저녁 예불시간이 다가왔다. 우리는 그와의 다시 만남을 약속하며 경내를 내려왔다. 이제야말로 숙제를 해결한 것 같아 마음이 한결 가벼워졌다.

그는 구도자며 수행자로서 붓다였다.

4
내 마음의 명소

“

어차피 가야 할 길이라면 즐거운 마음으로, 어떤 일을 만나든 나의 길이라면 피하지 않으리라 마음먹었다. 달을 맞이해 주는 달맞이꽃이 없어도 달은 밝게 빛나고, 비에 젖어도 꽃은 피어나듯이 건강하게 성장하는 아이들을 바라보며 모든 시련을 이겨낼 수 있었다.

”

내 마음의 명소

진정한 명소는 계절에 구애받지 않는다. 가을이 흠뻑 내려앉은 단양강은 금수산의 절경을 품어 안고 유유히 흐르고 있다. 산바람에 몸을 싣고, 강바람에 마음을 싣는다.

남한강 암벽을 따라 만든 잔도 길은 그 스릴을 온몸으로 느끼게 했다.

'잔'은 사다리 잔(棧)으로 길을 내어 사람들의 삶을 이어주는 일종의 생명 길이라는 뜻을 지니고 있다.

남한강 암벽을 따라 마치 용의 허리가 긴 석벽을 휘감은 듯한 잔도 길은 자연과 조화를 이뤄 한층 더 아름다웠다. 이 절벽 위에 이런 구조를 어찌 만들었을까? 데크길을 걷다 보니 그 공사가 쉽지는 않았을 것이란 걸 느꼈다. 오색 단풍이 더한 나무와 남한강의 절벽에 중국 장가계 유리 잔도와 같이 그 아슬아슬함이 잔인할 잔(殘)을 쓰기에도 부족함이 없었다.

잔도에서 바라보는 남한강은 고요히 흐르며 계절이 깔아 준 오색 빛을 물속에 담갔다. 부드럽게 물결치는 남한강의 물속에 비친 상진대교와 철교의 그림자 위에 머문다. 강의 깊이를 알 수 없을 만큼 깊은 곳에도 가을은 제 색깔을 품고 있었다.

잔도 길을 걸으면 자연의 향기에 취하고 사람의 향기에 취한다. 길도 순하고 경치도 좋아 트래킹하기에 그만이다. 금수산 산줄기를 타고 끊임없이 일렁이는 고운 빛이 마음에 밀려와 파장을 이룬다. 바람이 스치는 곳마다 하얀 구절초가 손짓하며 우리를 안내한다.

초등학교 때부터 한식구처럼 지냈던 친구들과의 여행은 고향 이야기로 봉인되었던 추억들이 밤송이가 터지듯 펑펑 터져 나온다. 아련한 과거들이 시간을 성큼 되돌려 놓았다. 바삐 흐르는 시간 속에서도 변하지 않는 친구는 해묵을수록 더 아름다운 법이다. 앞서거니 뒤서거니 우리는 어딘가에 숨어 있을 오아시스를 찾아낼 것처럼 지칠 줄 모르고 걷고 또 걸었다. 멈춰야 보이는 것이 있고, 걸어야만 보이는 것도 있다. 속속 제 모습을 보이기 시작한 꿈속 같은 풍경, 이곳이야말로 걸어도 멈추어도 모두가 비경이다. 몸과 마음에 새 바람을 불어 넣으니 맑은 정기가 강을 건넛산으로 번져 나갔다.

그동안 여행 한번 제대로 하지 못하고 살아온 날들이었다.

돌아보면 벼랑에 매달린 잔도 길에서 대학 졸업장을 취득하고 회사에서 필요로 하는 자격증을 취득하기 위해 야간 전문대학에 다시 입학하여 낮에는 회사에서 업무를 보고 밤에는 전공 공부를 하여 주경야독 끝에 자격증을 취득할 수 있었다.

지난날, 홀로 걸어가는 어둠의 터널 안에서 빠져나오지 못했다. 내 마음에 밝은 빛은 영원히 찾아오지 않을 것만 같았다. 밝은 세상은 다른 사람들의 세상이라고 믿었다. 마음은 늘 과거와 미래에 멈춰 있었다. 과거를 생각하면 남편에 대한 그리움과 애달픔이 떠나지 않았고, 미래를 생각하면 두 아이를 어떻게 키워야 할지 걱정과 근심이 떠나지 않았다. 애면글면한 시간이 지나 아이들이 성인이 되자 또다시 찾아온 병은 삶에 모다깃비를 뿌렸다.

어차피 가야 할 길이라면 즐거운 마음으로, 어떤 일을 만나든 나의 길이라면 피하지 않으리라 마음먹었다. 달을 맞이해 주는 달맞이꽃이 없어도 달은 밝게 빛나고, 비에 젖어도 꽃은 피어나듯이 건강하게 성장하는 아이들을 바라보며 모든 시련을 이겨낼 수 있었다.

지나간 과정을 잊으라는 듯 반전 같은 햇살이 나타난다. 터널이 길수록 벗어나는 출구는 더 환한 법이다. 안에 빛이 있으면 그 빛이 환한 걸 모른다. 어둠 안에 빛이 있어야 밝은 것을 안다. 빛의 밝음도, 따뜻함도 어둠과 함께 있어야 빛이 나고 따뜻하다.

명소는 사람들이 많이 찾는 곳이 아니라 훗날 마음속에 기억되는 곳이며, 이름난 곳이 아니라 소중한 사람과 함께 했던 곳이다. 어릴 적 뛰놀던 고향, 청아하고 그윽한 교회당 종소리가 울리는 언덕길, 뜸부기가 우는 논배미, 담뱃잎이 우거진 안산 고갯마루, 지금까지 살아오면서 수많은 명소에 살았어도 그곳이 명소라는 걸 인지하지 못하고 살았다. 소중한 사람과 함께 살던 곳이 마음을 편안하게 했던 곳이 나의 명소였다.

오늘, 이 소박한 여행도 어둠이 있었기에 행복감이 더해진다. 어두운 터널을 벗어난 지금은 꿈과 희망이 다가오고 있음을 안다.

내가 생각하는 가장 좋은 명소는 꿈을 이루고 희망의 빛이 꺼지지 않는 내 마음속이다.

청보리 익어가는 마을

사무실 한쪽 벽에는 커다란 그림 한 점이 걸려 있다. 온통 빨간 바탕에 손바닥만 하게 싹을 틔운 일곱 개의 노란 보리 씨앗이 올챙이 모양으로 빛을 향해 일제히 달음질치고 있는 모습이다. 이 그림은 송계(松溪) 박영대 화백의 작품 「추상 보리」이다.

보리 화가로 알려진 박영대 화백은 젊은 시절 나의 중학교 미술 선생님이셨다. 마티스나 피카소의 작품을 통해 색상, 명도, 채도 대비를 설명하실 때부터 보리 그림에 아주 특별한 아티스트였다. 그 당시 학교 강당에는 선생님이 그린 150호쯤 되는 캔버스가 걸려 있었다.

바람에 파도를 치는 '청맥'과 노랗게 익어가는 '황맥' 그림 두 점이 양 벽을 차지하고 있었다. 싱싱한 '청맥' 그림을 보고 있노라면 온몸에 생기가 돌았고 '황맥'을 보고 있노라면 풍요로움이 전해져 왔다.

빼곡히 들어선 보리알에서부터 섬세한 보리수염까지 리얼하게 묘사한 그림은 생동감이 느껴졌고 바람에 이는 표현은 마치 보리밭 한가운데 서 있는 듯한 착각을 일으켰다.

50여 년을 보리 그림 작가로 활동해 오신 선생님께 왜 보리 작가가 되셨는지 여쭤보니 "보리는 가장 한국적이고, 그림으로나마 풍요를 기원하는 의미에서 보리를 그려왔다"라고 말씀하셨다. 농촌에서 성장한 화백은 보릿고개를 겪으면서 초근목피의 삶을 그림으로 승화시키신 것이다.

이맘때 들녘은 화백의 그림 속 푸른 보리가 현장에서 파도타기를 한다. 바람의 지휘에 맞춰 청보리가 춤을 추니 내 마음도 따라 넘실넘실 춤을 춘다. 초록 빛깔 사이에 군데군데 노란 유채꽃이 수를 놓았다. 초록의 채도를 높인 밭의 HD급 식물은 두 눈을 시원하게 해주었다. 저 초록 융단 위에 몸을 던져 눕고 싶다.

초록색 자연을 보면 가장 먼저 떠오르는 시인은 김수영이다. 다음으로 그의 시 「풀」이다

풀이 눕는다/ 바람보다도 더 빨리 눕는다/ 바람보다도 더 빨리 울고/ 바람보다도 먼저 일어난다/ -중략- 바람보다 늦게 누워도 바람보다 먼저 일어나고/ 바람보다 늦게 울어도 바람보다 먼저 웃는다

김수영의 「풀」은 척박한 땅에서 바람과 맞서며 외로운 싸움을 하고 있는 풀잎과 같은 민중의 심경을 풀에 비유했다. 쓰러지지만 다시 일어나는 풀잎, 민중들은 연약하지만 대단한 생명력을 잃지 않았다.

보리밭에 서면 푸른 바람의 소리가 들린다.

거칠고 척박한 땅속 깊은 곳에서부터 온 힘을 다해 올라오는 새싹을 보면 강인함을 배우게 된다. 보리는 아무렇게나 뿌려 놓아도 제자리를 찾아 밀고 올라온다.

언 땅을 뚫고 나온 새싹이 쑥쑥 자라나 초록 바다를 이룬 모습은 나의 푸르렀던 젊은 날을 보고 있는 것만 같다. 찰랑거리는 머리에 옥구슬 같은 목소리를 가졌던 것도 그때였고, 장미보다 더 진한 향기를 품은 것도 그때였다. 거침도 두려움도 젊음을 태우는 불장난도 겁이 없었던 날도 그때였다.

어디선가 휘리릭 휘리릭 휘파람 소리가 옷깃을 잡는다

이렇게 청보리가 바람에 들썩일 때면 보리피리를 잘 불던 옛

친구들이 그리워진다.

거룩한 천사의 음성/ 내 귀를 두드리네/ 부드럽게 속삭이는/ 앞날의 그 언약을/ 어두운 밤 지나가고/ 폭풍우 개이면은/ 동녘엔 광명의 햇빛/ 눈부시게 비치네

쌍피리 불며 언덕을 넘어갔던 친구들, 「희망의 속삭임」은 듣기만 하여도 힘이 솟아났다.

오뉴월, 보리밭에 추억이 스쳐간다.

통통하게 살이 찐 보리와 밀 이삭을 겻불에 구워 먹던 그 시절이 그리워진다. 겻불을 피워놓고 이삭을 뒤적거리며 익힌 후 손에 대고 싹싹 비비면 껍질만 벗겨지고 알곡만 남았다. 입으로 후후 불면 껍질은 날아가고 파르스름한 알곡만 남아 한입에 털어 넣으면 고소한 맛이 일품이었다. 감나무 밑에 떨어진 감꽃도 요긴한 간식거리였던 시절에 햇곡식인 보리와 밀은 한창 성장기에 있던 우리에게 즐거운 간식이 되었다.

보리타작이 끝나면 반들거리고 빳빳한 보리 짚으로 여치 집을 만들었다. 마루 기둥에 걸어놓고 여치와 방아깨비, 풀무치를 잡아 키우는 재미도 쏠쏠했다. 어릴 적 보리밭의 추억은 한 올 한 올 초여름의 여백을 푸르게 채워갔다.

보리는 외로움이나 슬픔, 어둠, 가난을 대변하는 전형적인 주제이기도 했다.

그늘과 허기로 친숙했던 시절이었지만 보리밭을 딛고 서 있는 한 배고픔을 인내할 수 있었다.

다시 찾아온 보리밭은 추억 울림이 여러 갈래로 퍼져 나와 마음의 허기를 채워주었다. 지난 추억을 바람결에 실려 보내니 그리움이 물결을 타고 온다.

비단길

대 자연의 풍경에 기대어 산을 오른다.

오르막 산행에 구령이 되어 주는 계곡 물소리는 자연의 교향곡이다. 물소리마저 초록색이 묻어날 것 같은 6월이다.

햇빛과 바람, 그리고 신선한 공기와 벗하며 마음을 나누며 걷다 보니 어느덧 눈앞에 아스달 연대기에 나올 법한 바위산이 나타났다. '우는 산'이라는 뜻이 어울리지 않는 설악산의 울산바위, 그 아찔한 높이를 가늠하기 위해 808개의 계단을 오르는 수고를 마다하지 않는다. 둘레가 십 리요, 높이가 950m, 바위라 부르기에는 그 자태가 거대하고 웅장함에 두 번 감동한다. 얼마 만에 찾아왔던가, 지난 이십 년을 보내고 그 자리에 다시 서니 바위도 세월의 더께를 입고 나이테를 늘려가고 있었다.

잠시 숨을 고르고 비선대를 지나 설악의 심장부를 향해가는 길 위를 걷는다.

비단길이었다.

학교를 졸업하고 어려움 없이 지방 중소기업에 입사했다. 첫 번째 직장의 경력에 힘입어 두 번째 직장으로 이직했다. 그곳은 내가 원하던 금융기관으로 설렘으로 출근이 기다려졌다. 온종일 일을 하면서 몸은 피곤하지만, 마음은 즐거웠다. 깔끔한 근무복을 입고 은행 창구에 앉아 있으면 근사한 내 모습이 마치 근사한 커리어우먼 같아 보였다. 전 직장에서 호되게 절차탁마했던 덕에 맡은 업무를 즐기며 근무할 수 있었다. 금융 업무는 주로 출납을 보고, 수신업무를 맡았다. 고객들과 유대감도 좋고 끈끈한 정이 오갔다. 월말이면 밤새워 야근하는데도 지칠 줄도 몰랐다. 비록 내 돈은 아니지만 늘 큰돈을 만지며 입금하고 출금하는 일은 부자가 된 듯했다. 적성에 맞았던 두 번째 직장생활은 늘 나에게 새로운 에너지를 주었다.

더 나은 실크로드로 가기 위해 결혼을 했다. 그 길은 행복과 꿈을 담은 꽃길이라 생각했다. 좋아하는 사람과 함께 가면 더 즐겁고 가벼운 길일 것 같았다.

결혼 후, 꽃길은 나의 두 눈을 가리게 했다. 준비 없이 달려간 길은 비포장 길로 험난한 자갈길이었다. 허니문 베이비가 태어났다. 아기가 태어남과 동시에 엄마, 아빠는 '처음'이라는 선물을 받았다. 적어도 열 달은 구름을 타고 훨훨 날아다녔다. 아기가 자라면서 한 달에 반은 병원에 다녀야만 했다. 육아한다는 것은 엄마로 다시 태어나는 것이다. 내가 중심이었던 세상을 아기 중심으로 바꿔 나가는 길은 힘들지만 그 어떤 행복보다 컸다.

그러던 어느 날부터 실크로드는 점점 자갈길로 이어졌다. 가정을 이루고 지켜 나간다는 것은 의욕과 계획만으로는 절대 이루어질 수 없는 미지의 세계였다.

남편과 둘이 가던 길을 혼자서 가야만 했다. 방황과 좌절과 아픔이 깔린 길 위에서 되돌아갈 수 없는 길이었다.

고대 실크로드는 초원길, 오아시스길, 뱃길로 나뉘었다. 중국에서 유럽까지 초원길은 고역이었다. 오아시스길은 또 어떤가, 비단을 싣고 험준한 산맥을 오르내리고 모래 바다를 건너면서 비단을 싣고 파미르 고원을 지나 동쪽, 북쪽, 다시 동쪽으로 꼬박 40

일도 넘게 산을 넘고 협곡을 따라 황무지를 지나가야만 한다. 가장 험난한 길에서 가장 값비싼 사치품인 비단의 중심 교역이 이루어진 이유이기도 하다. 실크로드는 생명을 잇는 길이었다. 물리적 제약에도 불구하고 실크로드의 녹록지 않았던 세 갈래 길은 생명력으로 다져진 시들지 않은 인생의 길이기도 하였다.

천불동 계곡을 지나 와선대에 들어선다. 칼날 같은 바윗길이 도전장을 내민다. 온몸의 근육이 바짝 긴장한다. 공룡능선을 따라 허리를 굽히며 걷는다. 천상의 낙원이 지상을 내려앉은 곳으로 향한다.

바윗길과 씨름하며 1,275봉에 도착했다. 하늘과 땅 사이에 비경만이 있었다. 먼 옛날 스님이 소를 찾아 이 계곡에 왔다가 소를 찾고도 발길을 돌릴 수가 없었을 것 같은 몽환적 유혹에 빠져든다.

설악의 고되지만 유쾌한 바람을 맞으며 능선으로 만들어 놓은 최고의 진열장 앞에 선다. 문득, 풍경 너머로 지난 십수 년간 혼자 걸어야 했던 이력 속으로 데려간다.

실크로드로 가기 위해 채비를 차렸다. 얼마나 걸릴지 기약 없는 길을 찾아 혼자 나섰다. 어디쯤 더 가야 묻혀 있는 나의 가치를 인정받을 수 있을까, 남편을 하늘 가는 길로 보내고 재취업한 곳은 임대아파트 분양사무실이었다. 500여 개가 넘는 아파트를 임대하고 분양하는 일은 생각만큼 쉽지 않았다. 퇴근 후에는 학원에 다니면서 부동산 컨설팅 공부를 했다. 부동산에 눈을 뜨기 시작하자 경매를 시도했다. 첫 번째로 상가 건물을 낙찰받았다. 그것을 리모델링하여 차익을 남기고 매매하여 다가구주택을 매입했다. 다가구 주택 붐이 한창 일어났을 때이라서 매달 들어오는 임대료는 큰 도움이 되었다. 그 돈을 모아 아파트를 샀다. 지금의 보금자리이다. 그러는 사이에 아이들은 고등학생이 되고 대학교에 입학했다. 척박한 땅을 닦으며 길을 만들며 걸었다. 아이들이 성장하면서 함께 길을 닦으니 수월해졌다. 다행히 행운의 여신도 곁을 내주었다. 지난 이십여 년은 직장, 집, 교회로 다람쥐 쳇바퀴처럼 변함이 없던 날들은 뜨겁지도 않고, 차갑지도 않은 삶이었다.

이제, 소망이라면 두 아이가 결혼해서 단란한 가정을 꾸리며 사는 것을 보는 것이다. 아직도 결혼 의사가 없는 두 아이에게는 결혼이 가장 큰 숙제이겠지만, 지난날 두 아이를 키우며 힘들었던 만큼 지금의 축복이 있다는 걸 알아주길 바랄 뿐이다.

하산을 한다. 기암괴석일수록 수천 년 동안 풍화와 침식으로 표면마다 굳은살이 두껍게 쌓여 있다. 나 역시 이제, 단단한 세월을 열심히 사느라 굳은살처럼 쌓인 고집의 갑옷을 벗고 수수하고 편안한 배려의 무명옷으로 갈아입는다.

돌아보면 걸어온 길이 실크로드는 아니었지만, 내 인생길에서 스프링클러가 되어 주었던 사랑하는 사람들이 내어준 물을 마시며 걸어왔다. 내게 남은 삶은 누군가에게 스프링클러가 되는 인생을 살아가려 한다.

마천대를 오르며

봄을 누군가는 희망이라고 하고, 누군가는 시작이라고 한다. 봄기운은 저 산에서 이 산으로 생명의 끈이 이어 놓는다. 그 끈을 부여잡고 남도의 내노라는 산과 어깨를 나란히 하는 대둔산으로 향했다. 4월의 만나는 대둔산의 모습은 과연 어떨지 벌써 설렌다.

내비게이션의 안내에 따라 가보니 대둔산 입구의 반대 방향에 위치한 주차장에 내려놓았다. 푸슬푸슬 안개비 탓에 인적도 드물었다. 명산에 비해 사람이 드문 것도 신기했지만 이곳이 대둔산 입구의 정방향이 아닌 것을 나중에 알았다.

두메산골의 험준하고 큰 산봉우리라는 대둔(大芚)의 이름이 붙은 대둔산.

낮은 공기를 타고 흐르는 숲 내음이 기분을 편안하게 했다.

수락계곡을 향해 올라가는 도로변에는 이 산에서 피고 지는 노루귀, 엘레지, 애기괭이눈, 야생화들의 사진과 꽃 이름을 표기해 놓아 궁금증을 해결해 주었다. 계곡에 들어서니 숲의 주인공은 푸른 신록이었다. 단풍나무, 산벚나무, 잔털오리나무가 옅은 그늘을 내주었다.

계곡에서 흘러가는 물줄기는 그 옛날 권율 장군의 승리를 치하하려는 듯 아직도 경쾌하게 흘러가고 있다. 오로지 이맘때만 느낄 수 있는 찰나의 봄빛에 몸이 먼저 반응했다.

조금 더 걷다 보니 호국과 충절을 새긴 돌계단이 보였다. 이곳에서 150m만 올라가면 승전탑이 있다. 올라가 보니 산자락 아래 뾰족한 탑이 서 있었다. 이 탑은 6.25 전쟁 때 인민군과 빨치산의 만행을 우리 토벌대가 대둔산 인근에서 소탕한 것을 기념하고 호국 충절의 정신을 기리기 위해 세운 것이라고 한다. 충혼비에는 토벌 작전 시 순국한 군인과 경찰의 이름이 빼곡하게 새겨져 있다. 비석에 새겨진 참전 용사들의 이름을 보고 있자니 먼 곳에서부터 승리의 함성이 들려오는 듯했다. 수많은 격동과 파란을 겪어 온 산은 구름도 바람도 함께 겪었을 것이다.

수락폭포를 거쳐 마천대로 오르는 천여 개의 계단을 오르기 시작하자 논산 인근의 들판과 산이 손에 잡힐 듯이 다가왔다. 등산로 따라 진달래가 남은 봄을 분홍 입술로 붙잡고 있다. 한 발 한 발 내디딜 때마다 튼튼하게 설치해 놓은 데크 로드와 데크 계단이 있어 안심되고 편리했다. 이 험준한 산에 데크 공사는 대단히 힘들고 어려웠을 것 같았다. 바윗돌에 징을 박고 철 구조물을 세운 다음 데크를 깔고 난간까지 설치해 놓기까지 혹여나 인사사고는 없었는지 공연히 걱정이 들기도 했다. 무게가 엄청난 형강을 이 높은 곳까지 들어 올리려면 헬리콥터까지 동원을 해야 했을 터이다. 기초공사에서 준공 때까지 위험을 무릅쓰고 공사를 했을 생각을 떠올리니 고맙기 그지없었다.

마천대를 향해 숨을 할딱이며 오르면 오를수록 숨겨진 비경들이 속속 드러났다. 깎아 세워 놓은 듯한 바위가 전시장을 방불케 하였고 기기묘묘한 바위들이 저마다 위용을 뽐내며 관람객을 기다리고 있었다. 부근에 오대산, 월성봉, 천등산이 서로 밀당이라도 하듯 가까이 보이다가 멀리 보이기도 했다. 줄줄이 다가온 유등천, 장서천, 벌곡천이 눈 아래 펼쳐졌다. 봄바람과 햇살은 저 들녘에 푸른 붓칠을 하느라 한창이었다.

금강 구름다리에 섰다. 수백 미터 계곡 아래가 내려다보인다. 허공에 뜬 다리 위에서 스릴감은 오히려 짜릿했다. 데크 계단의 고마움을 더할 무렵 데크길은 아쉽게 끝이 났다. 지금부터는 가파르고 울퉁불퉁한 바윗길을 올라야만 한다. 자신과 싸움이 시작되었다. 얼마 가지 못해 숨이 차오르고 다리가 떨어지지 않아 점점 힘들어져 왔다.

정상을 향해 가는 길은 산도 인생도 늘 험하고, 거칠고, 멀기 마련인가 보다.

자신이 목표로 둔 마천루에 도착하기 위해서는 끊임없이 노력하고 온 힘을 쏟아야 한다. 이 길은 누구도 대신할 수 없는 길이다. 산을 오를 때에는 배낭 하나만 짊어지면 그만이지만, 인생의 정상에 도착하기까지는 가정과 일이라는 무거운 짐을 지고 올라가야만 한다. 산은 가끔씩 즐기면서 올라가면 되지만, 보이지 않는 인생의 정상은 끊임없이 곡진 계단을 만들면서 올라야 한다.

사랑하는 이들과 함께 오르다 보니 어느덧 마천대 탑에 도착했다. 올라가 보지 않고서는 모르는 감동이 몰려온다. 정상은 어딜 가도 제값을 한다.

내리막길에 설치된 삼선 계단 입구에서 잠시 망설여졌다. 그러나 대둔산의 명물을 그냥 보고만 갈 수는 없는 일이었다. 바위와 바위 사이의 철 계단은 아찔함과 희열로 다가왔다. 일방통행으로 올라가지만 그 길로 내려오지 못한다. 인생길도 한 번 가면 다시 내려오지 못하고 끝이 나듯 이 철 계단 위에는 오로지 오르기만 해야 했다. 철 계단은 급경사였지만 잡고 오를 수 있는 난간 덕분에 안심하고 오를 수 있었다. 되돌아보니 수많은 역경에도 잘 견뎌낼 수 있었던 것은 가족이라는 난간이 있었기 때문이다.

이 높은 계단을 오르는 것 자체가 기적이었다. 계단을 높이 오르면 오를수록 산들이 꿈틀거리는 것 같았다. 움직이지 않는 거대한 산에서 움직이는 가설물은 구름을 타고 나는 한 마리 독수리 같았다. 믿고 몸을 맡기는 순간 세속에서 빠져나와 피안의 세계 속으로 들어가 황홀했다. 삶의 희열은 높은 산을 정복할수록 쾌감은 더한 법이다.

오늘 이 산에서 행복을 찾게 해 준 이들에게 더욱 감사함을 느낀다.

이 구조물 덕분에 대둔산의 봄을 영원히 기억하게 될 것이다. 수락계곡 데크길보다 훨씬 더 위험하고 난해한 공사를 다른 누군가를 위해 이뤄 놓았다는 것은 위대한 유산을 남긴 것과 다름이 없다.

대둔산의 초대는 참 행복했다.

신선이 정원을 펼쳐 놓은 대둔산 산행은 향기로운 여정이었다.

누군가에게 쉼이 되고 행복을 주는 대둔산, 나도 작은 글 샘터를 만들어 갈증 나는 이들에게 물 한 모금 내어주는 사람으로 살고 싶다.

안방극장

나는 나이가 들어감에 따라 영화를 선택하는 취향도 변해간다. 40대에는 「메디슨 카운티의 다리」, 「카사블랑카」, 「테스」 같은 로맨스 멜로영화를 보는 것이 좋았고, 50대에는 주로 과거를 회상하는 「애수」, 「아웃 오브 아프리카」, 「노트북」을 즐겨보았다. 이순에 들어서니 다큐멘터리처럼 사실적이면서 대중성이 있는 「울지마 톤즈」, 「동주」같이 잔잔하면서도 심금을 울리는 영화가 좋아진다.

며칠 전 안방에서 본 영화 「라스트 홈」은 실화를 바

탕으로 만든 영화로 금융위기를 다루고 있다. 비참한 사회 상황이 만들어낸 선과 악의 모호함이 중첩되는 스토리가 아직도 현실감 있게 다가온다.

단란한 가정을 이루며 지내던 데니스는 어느 날 법원 등기서류를 들고 집으로 찾아온 릭 카버로부터 지금 당장 필요한 생필품만 챙겨서 나가라는 말을 듣는다. 릭은 데니스에게 "우리가 정말 이렇게까지 하고 싶진 않지만, 법원의 명령에 따라 이제 이 집은 은행의 소유입니다."라며 집을 비울 것을 종용한다. 이 청천벽력 같은 소리에 데니스는 큰 충격을 받는다. 데니스는 법원에 가서 하소연하고 인정에 호소하지만 허무하게 자기 집에서 쫓겨나고야 만다.

영화의 배경이 된 2008년도 미국의 플로리다주에서는 데니스처럼 하루 벌어 하루 먹고 사는 서민들이 급등하는 대출 이자를 감당하지 못하고 하루아침에 쫓겨나는 사람들이 속출한다. 은행은 담보물인 집을 처분할 권리를 얻는다. 이른바 약탈적 금융이다.

며칠 후 그를 쫓아냈던 릭은 건설 일용직으로 잔뼈가 굵은 데니스에게 불법적인 일자리를 주며 유혹한다.

데니스가 해야 할 일은 내쫓긴 은행소유의 빈집에 들어가 냉난방 시스템을 훔치고 난 후 은행에다 분실되었다고 신고를 한 뒤 은행에서 수리비를 챙긴 후 다시 훔친 냉난방 시스템을 그곳에 갖다 다시 설치하도록 하는 일이었다. 또 주택 대출금을 갚지 못해 퇴거명령이 나오면 퇴거일 전에 강제로 쫓아내고 돈을 챙긴다. 데니스는 수익 중 일부를 몰래 가로채며 양심의 가책을 느끼지만, 국가의 집단적 약탈에 의한 자행에 개인이 작은 이익 좀 얻는다고 비난받을 이유가 없다며 자기 합리화를 시킨다.

그의 갑질 횡포는 점점 심해져 채무자들이 20년 넘게 살던 집을 빼앗고, 처참하게 내쫓는 일을 서슴지 않는다. 그로 인해 집을 잃은 상실감에 권총으로 자살하는 사람도 생긴다. 자신이 당한 일을 남에게 고스란히 행하는 자신을 보며 죄책감을 느끼지만, 타인의 불행을 이용한 짭짤한 돈벌이는 멈출 줄 모른다. 릭은 데니스를 세뇌시킨다. "너는 집을 짓지만 나는 집을 굴릴 줄 안다."는 말로 자신을 믿고 따르라 하며 시대 상황이라는 걸로 착각하게 만든다. 데니스는 기회만 주어진다면 약탈적 자본주의의 하수인이 될 수밖에 없다는 걸 알게 되며 점점 릭을 닮아간다.

그는 어머니와 아들과 함께 살던 집만 되찾으면 그만두겠다는 생각을 했으나, 욕심은 멈출 줄 몰랐다. 결국 큰돈을 갖게 된 그는 수영장이 딸린 저택을 구입한다.

그러나 시간이 지날수록 자신을 옭매어 오는 자책감에 데니스는 회의감을 느낀다. 그는 부당하게 버는 금융업의 탐욕보다 몸을 굴리는 건설일용직의 노동이 더 가치가 있다는 미련을 버리지 못한다. 결국 그는 집을 굴리기보다는 집을 지키기로 하며 영화는 끝이 난다.

「라스트 홈」은 경제위기 실화를 바탕으로 실제로 집을 빼앗긴 사람들과 경제위기의 진원지인 플로리다주를 배경으로 촬영했다고 한다. 실제로 주택 퇴거를 지시하는 보안관과 부동산 브로커들을 섭외해 충격 실화를 완성했다고 한다. 집을 잃은 실존 인물들과 주택 소유주들이 직접 출연해서인지 격정적인 감정과 긴장감이 눈앞에서 보듯 생생하게 느껴졌다. 감독은 누가 배우이고 누가 실제 인물인지 알려주지 않았다고 한다. 데니스가 백발노인에게 퇴거명령을 내리는 클라이맥스 장면에서 숨조차 쉬기 힘들 만큼 팽팽한 긴장감이 느껴졌던 이유는 실존 인물이었기 때문이다.

총기 소지가 필수인 위험한 퇴거명령 현장에 뛰어든 배우와 모텔에서 노숙자들과 함께 생활한 배우들이 보여준 영화는 스릴러의 민낯을 보여 주었다. 이 팽팽한 긴장감과 절실함을 목격한 배우의 모험에 존경을 표하게 되었다.

보는 내내 눈물이 나기도 하고 주먹을 불끈 쥐어보기도 했던 픽션이 아닌 논픽션 영화였다.

「라스트 홈」은 '월 스트리트'라고 할 수 있다. 빚으로 지은 집,

쫓겨나는 사람들을 가슴 아프게 바라봐야 하고 그 현실을 뛰어넘기 위해 또 다른 사람을 밟아야 하는 자본주의 현실이다. 약자에서 벗어나기 위해 약해질 수밖에 없는 것이 인간의 굴레이다. 영화를 보는 내내 재미보다는 폭력 없는 공포와 살인 없는 잔인함이 마음을 불편하게 만든 영화였다.

그래도 데니스의 선택은 일말의 희망을 품게 만든다. 정의의 피가 남을 수 있다는 것은 인간의 궁극적인 바람이다.

올해 제92회 아카데미 시상식에서 4관왕을 차지한 「기생충」은 한국의 홍보대사 역할을 톡톡히 했다. 「기생충」에서는 지상과 지하라는 이분법으로 한국의 계급사회를 여과 없이 내보이는 장면은 조금 과하다는 생각이 들었다. 다른 나라 사람들은 「기생충」을 보면서 어떻게 생각할까. 단지 훌륭한 작품성과 뛰어난 각본과 능력 있는 감독으로만 평가할까, 의문이 앞섰다. 봉준호 작품들 중 「괴물」 「살인의 추억」 「설국열차」 는 한국 빈민의 민낯을 적나라하게 보여 주었다. 삶의 지도를 보여주고 있다 하지만 자비도 관용도 없고 단지 자신이 목표로 하는 대상을 무참히 짓밟는 장면이 반영될 때마다 마른 바람이 일었다.

사마천은 '화식열전(貨殖列傳)'에서 "상대방의 부가 자기 것의 열

배가 되면 욕하게 되고, 백 배면 그를 두려워하고, 천 배면 그에게 부림당하고, 만 배면 하인 노릇을 하게 된다. 이게 세상의 이치다."라고 일갈했다. 부자와 빈자와의 간극은 해결점이 없는 것일까,

2019년 말 우리나라 가계 빚이 1,600조 원을 넘었다. 한국의 금융 시스템도 하루아침에 약탈자로 돌변하지 말란 법이 없다. 다만 가진 자들에게 정의만이라도 살아 있는 사회가 되었으면 하는 바람이다.

단편영화가 맛있다

제17회 '청주국제단편영화제'에서 선정된 영화가 청주 CGV 북문 1관에서 상영 중이었다. 연기와 영상에 남다른 관심을 두고 있는 딸과 함께 영화관에 도착하니 상영관 안에는 많지 않은 관객들이 거리를 두고 앉아서 상영을 기다리고 있었다.

그동안 코로나19로 많은 영화를 즐기지 못한 탓에 이번 영화제는 신선한 기대감으로 다가왔다.

3부로 나뉘어 진행되었는데 1부에는 국제 출품작 중 선정된 단편영화를 2, 3부에는 국내 출품 작품들이 상영되었다.

그중 국내 출품작으로 김소형 감독의 「아마 늦은 여름이었을 거야」는 내 마음을 진하게 물들였다. 일본을 배경으로 한 영화였는데 일본식 주택과 거리, 식당 등이 동양적인 분위기로 편안함을 주었다.

또한 할머니 '정연' 역을 맡은 배우의 돋보이는 캐릭터가 더욱 정감 있게 다가왔다.

올해 환갑을 맞은 정연이 일본인 이혼남과 결혼한 딸을 만나러 가는 장면부터 자신을 마중 나온 일본인 손녀 '안'을 만나 가족이 되어가는 과정을 그린 영화로 서로의 공통점을 찾게 되면서 서로를 공감하고 위로하며 가족이 된다는 내용이었다. 정연의 약간 어설픈 듯한 일본어 연기가 코믹하였고, 당돌하고, 까탈스러운 손녀의 캐릭터가 현실감 있게 다가왔다.

1, 2부 영화가 끝나고 한국영화인총연합회 청주지부 회장으로부터 이번 영화제에 관해 자세한 이야기를 들을 수 있었다.

올해 청주국제단편영화제에는 총 111개국이 참가하였고 2,807편의 영화 중 최종 62편이 선정되어 온 오프라인으로 상영될 예정이었다고 했다. 17년 전 10편 이내의 국내 단편영화로 시작했던 영화제가 올해 큰 성과를 거뒀다고 했다. 이번 영화제를 통하여 청주국제단편영화제가 세계적으로 크게 부상했다고 한다. 3년 뒤 20회 때에는 다각적인 계획을 세워 세계적인 영화제로 개최할 것을 약속하며 비장한 각오를 보였다.

안타까운 것은 오늘 이곳에서 영화 상영과 함께 감독과의 대화가 진행될 예정이었으나, 거리 두기 제2단계가 실시되는 관계로 감독들과의 만남은 취소되었고 추후 김수현 아트홀에서의 상영도 모두 취소되었다고 했다.

영화제를 개최하면서 청주에 명실상부한 국제영화제를 만들겠다는 운영위원장의 신념이 영화를 사랑하는 몇몇 영화인들의 마음을 움직였고, 결국 개막식 행사 및 상영관 임대, 해외 감독 온라인 GV, 영화 대사번역 및 자막작업 등 거의 대다수 작업이 자원봉사자들의 재능 기부와 개인 후원금으로 이루어졌다고 했다.

간절한 마음으로 열정을 쏟아붓고 있는 관계자들의 모습을 보니 이제껏 무관심한 관객으로 구경만 했던 것이 미안해졌다.

영화관에서 볼 수 없는 작품들은 다행히 OTT 플랫폼 '웨이브(wavve)'에서 8월 20일부터 29일까지 온라인 상영을 한다고 했다.

집으로 돌아와 상영관에서 보지 못한 좋은 작품들을 집에서 감상하게 되었다. 그중 프랑스 토마스스코히 감독 작품 「인비저블」을 유쾌하게 감상했다.

수줍음이 많은 유전학자 피에르는 자신이 좋아하는 여자 상사 루시를 만날 때마다 얼굴이 빨개진다. 그것을 감추기 위해 자신이 제조한 화학약품을 마시고 투명 인간이 되어 루시를 도와준다는 내용의 영화였다. 순정파 주인공이 투명 인간이 되어 나체로 골목길을 누비는 장면은 외설이 아닌 예술로 승화시켰다.

또 다른 작품으로 죽은 아버지의 형상을 항상 낡은 차에 싣고 살아가고 있는 노숙자의 현실을 보여준 「견인구역」은 아버지에 대한 애틋한 사랑이 전이되어 오면서 돌아가신 아버지가 그리워지기도 했다.

치매에 걸린 어머니가 아들에게 안락사를 부탁하는 내용의 다큐 영화 「약속」은 죽음의 자유에 대하여 법으로 합법해야 한다는 내용으로 가족의 끝없는 사랑과 희생을 보여 주었다.

길어야 25분이면 끝나는 단편영화는 그 짧은 시간 안에 스토리를 함축시켜 촉촉하고 맛있는 부분만 모아서 만든 매력이 있다.

장편영화는 화려한 스토리와 다양한 캐릭터, 커다란 화면으로 몰입할 수 있지만, 단편영화는 감독의 의도와 주제가 우선시되는 것 같다. 사회의 단면을 자신만의 스타일로 보여주는 단편영화는 짧고 굵게 감동을 주는 게 매력이다.

이처럼 시간에 구애받지 않고 언제든 컴퓨터를 켜면 방에서도 영화를 감상할 수 있으니 큰 선물을 받은 것만 같다.

또 하나의 맛있는 취미가 생겼다.

5

다시, 봄

“

지금까지 걸어온 길을 되돌아보니 행복을 미래에 두고만 살아왔던 것 같다. 행복은 현재에만 찾아오는 선물이란 걸 이제야 느낀다.

이제는 어두운 길을 걷다가 하늘에 별이 없다고 실망하지 않는다. 가장 빛나는 별은 간절하게 빛의 속도로 지금 달려오고 있음을 안다.

”

도도해(海)

동해에 해돋이가 있다면 서해에는 일몰이다. 일몰의 장관과 주꾸미 맛을 놓칠 수 없어 서해로 향했다.

서해의 작은 포구마다 주꾸미들이 꽃처럼 퍼진다. 뜨거운 물에 살짝 데친 야들야들한 주꾸미를 초장에 찍어 먹고 싶은 충동에 도착한 홍원항은 도도하기 이를 데 없었다.

아침부터 빗방울이 떨어지기 시작하더니 꽃샘바람이 사정없이 불어 댔다. 난생처음으로 찾아온 4월 초 홍원항은 바닷바람이 더해져 걷기도 힘들 만큼 몸이 비틀거렸다. 작은 항구의 전경이 한눈에 들어왔지만, 항구를 돌아볼 엄두가 나지 않았다. 따뜻한 방이 그리울 정도로 성난 칼바람은 여행객의 방문에 불친절했다. 기대에 찬 마음으로 달려왔건만 항구의 랜드마크인 빨간 등대를 바닷가 횟집 안에서 바라만 봐야만 했다. 끝내 심술궂은 비까지 뿌려대기 시작했다.

내륙지방에 살고 있다 보니 바다가 늘 그리웠다. 머리가 혼잡해질 때면 언젠가 바다를 상상하며 마음을 달래곤 했다. 밀려오는 파도 소리와 일몰의 경이로움은 마음의 안식처처럼 늘 달려갔다. 하지만 오늘은 오로지 주꾸미를 시식하기 위해 왔기 때문인지 맛집을 찾는 것이 1순위였다. 계획과는 달리 비바람을 피해 가장 가까운 횟집에 들어갔다. 봄철 주꾸미 값은 '금값'이었다. 사람이 몰리면 대접은 대접대로 못 받고 비용을 더 들여야만 했다.

다만 주꾸미는 싱싱해 보였다. 담백한 뜨거운 육수에 알이 밴 주꾸미를 넣자 바짝 오므라들며 하얀 꽃을 피웠다. 살짝 데친 채소를 얹어 먹으니 채소의 달달함과 어우러져 쫀득한 식감이 온몸을 짜릿하게 했다. 육수는 먹물이 터져 금방 까맣게 번졌다. 먹물에는 항암과 위액 분비를 촉진하고 철분이 많아 여성들의 빈혈 예방에 탁월하다고 하니 국물마저 보약 같아 금방 몸이 따뜻해져 왔다.

뼈가 없으니 발라 낼 일도 없고, 비늘이 없으니 비린 맛도 없고, 껍데기가 없으니 벗길 것도 없는 주꾸미는 짧은 다리며, 머리통까지 모두 내어주니 건강식품으로는 단연코 으뜸이지 싶다.

봄에 잡히는 주꾸미가 일품이라고 한다. 그런데 봄 주꾸미 잡는 방법이 특이하다. 빈 소라껍데기를 줄에 매달아 바다에 던져놓으면 주꾸미가 제집인 줄 알고 하나씩 소라껍데기를 꿰차고 안으로 들어온다는 것이다. 잡는 방법이야 여러 가지이겠지만 이렇게 잡은 주꾸미는 스트레스를 적게 받아 더 좋은 효능이 있을 거라는 생각이 든다. 가을 주꾸미는 그물이나 통발로 잡는다는 것도 처음 알았다.

주꾸미로 식사를 하고 내친김에 홍원항에서 그리 멀지 않은 춘장대로 향했다.

'춘장대'라고 불리게 된 것은 이곳의 7~80% 대토지를 소유했던 민완기 씨의 호가 '춘장' 이었기에 이곳을 서천군에서 개발하기 위해 그의 호를 사용했다고 한다.

해송이 병풍처럼 서 있는 해수욕장이 눈앞에 펼쳐졌다. 이곳도 불친절한 바람은 마찬가지였다. 날씨 탓에 사람들은 그리 많지 않았지만, 푸른 바다 위를 제비처럼 날아다니는 수상스포츠 마니아들이 형형색색 날아다니고 있었다. 잠시 후 바람이 불자 바닷물 위를 질주하던 사람들은 돌연 하늘로 둥실둥실 떠올랐다. 푸른 수면을 차고 오르는 한 마리 물새들의 비상처럼 보였다. 그들이 즐기고 있는 레저스포츠는 패러글라이딩과 서핑의 특성을 조합하여 개발한 '카이트보드'라는 수상스포츠였다. 보드를 타고 넓은 바다 위에서 자유롭게 날아다니고 있는 모습을 보니 도전하는 사람들의 용기가 부러워진다.

저렇게 자유롭게 날아보지 못했다.

일생이 끌려다니기만 하는 것 같다. 아파트 부금으로 돈에 끌려다니고, 직장에서 일하느라 시간에 끌려다니고, 이곳저곳 모임에 참석해야 하니 이것 또한 그렇고, 오래전부터 인터넷에 끌려다니고 있다. 요즈음은 스마트폰까지 합세하여 나를 인정사정없이 끌고 다닌다. 편리함의 함정에 빠지다 보니 좀처럼 벗어나기가 힘들어지고 있다. 나의 삶 전체를 지배하면서 끌어들이는 것들로 삶의 질량을 낮추고 무기력하게 만든다. 알면서도 벗어나지 못하는 의지력은 영원한 숙제로 남는다.

바닷바람이 심술을 부릴수록 정열적인 묘기를 부리며 자유자재로 도형을 그리기까지 한다. 시속 100㎞까지 거뜬하다고 하니 마니아들은 매력에, 아니 마력에 빠진 것 같다. 강풍은 오히려 스포츠 마니아들에게는 역동적인 힘을 내게 했다.

춘장대는 잔뜩 흐리고 날 선 바람으로 일몰의 장관을 감추었다. 서해의 도도한 모습으로 끝내 그 아름다움을 보여 주지 않았다. 바다든 사람이든 도도함을 잡을 수 있는 것은 제풀에 지쳐 떨어질 때까지 기다려야 한다는 것을 안다.

날씨가 좋으면 좋은 대로 흐리면 흐린 대로의 모습을 보여준 홍원항과 춘장대를 떠나 온다. 내일이면 또 누군가는 이곳에 와서 다시 꿈을 꾸고, 누군가는 새로운 희망을 찾게 될 것이다.

정방사

청주에서 중부고속도로를 타고 단양 방향으로 달리다가 남제천 톨게이트를 빠져나와 82번 지방국도를 탄다. 청풍대교 앞에서 오순대교로 이어지는 20번 지방도로로 바꿔 타면 어느덧 청풍호반이 눈앞에 펼쳐진다.

오른쪽으로는 쪽빛 청풍호반이 펼쳐져 있고 왼쪽으로는 산세가 고운 월악산 국립공원의 금수산이 한눈에 들어온다. 여기서 10분 정도 달리면 정방사 가는 길을 만나게 된다. 청풍호 옆으로 도로가 나 있어서 멋진 풍경과 함께 드라이브할 수 있어 좋았다. 82번 도로에서 정방사 가는 길은 제천시에서 지정한 걷기 좋은 길인 청풍 자드락길이기도 하다. 자드락길이란 '나지막한 산기슭의 비탈진 땅에 난 좁은 길'을 말한다. 정방사는 자드락길 2코스에 자리하고 있었다.

능강교를 건너 능강천으로 이어지는 콘크리트 포장도로를 따라 정방사로 향했다.

옥순봉로를 이용하여 정방사로 올라가다 보니 어찌나 좁은 외길 인지 승용차 교행이 아슬아슬했다. 교행에 어려움이 많아 능강교에 차를 세워 놓고 정방사까지 약간 멀어도 걸어가는 게 좋겠다는 생각이 들었다.

숲속 주차장에 차를 세우고 비탈길을 한참을 걸어 올라가니 아담하고 소박한 정방사가 나타났다.

거대한 암벽을 지붕 삼아 지어진 단출한 암자를 보는 순간 절에 대한 환상을 버려야만 했다. 병풍처럼 암벽이 둘러쳐진 사찰 뒤로는 낙석들이 금방 쏟아 내릴 듯 위태로워 보였다. 협소한 사찰 경내는 비박지로 적당한 터이다. 이 좁은 터에 절이 있다는 것이 신기했다. 목조관음보살좌상이 모셔져 있는 대웅전은 너럭바위가 지붕의 절반을 차지하고 있었다. 심한 폭풍이라도 불어닥치기라도 하면 우듬지에 새집처럼 매달려 있는 절간이 휙 날아갈 것만 같다. 그런데도 천 년 고찰로 건재하고 있다. 정방사 창건 연혁 현판을 통해 보니 662년(문무왕 2)에 의상(義湘)이 수도하기 위하여 창건하였다고 한다. 그 후 1825년에 중건하였다 하니 견실시공의 끝을 보는 듯했다. 이곳에서 수행하는 도반들이야말로 부처님의 은덕을 입지 않은 사람이 아니라면 수행이 결코 쉽지 않을 것만 같았다.

법당에는 목조관음보살좌상이 주불로 모셔져 있다. 비교적 작은 규모이다. 얼굴은 몸에 비해 작은 편이며, 머리에는 작은 부처가 새겨져 있는 높은 보관을 쓰고 있다. 보살상은 보관을 쓰고 불 형의 옷을 입고 결가부좌한 불상이다. 이 불상은 옷자락이 배까지 늘어져 있다. 정방사는 주불을 모신 원통보전, 요사채, 산신각, 나한전, 종각과 해우소, 5층 석탑이 오밀조밀하게 붙어 있다. 전각들 하나하나의 기운이 남달랐다.

정방사의 약사여래불 앞에서 어느 중년 여인이 간절히 기도를 올리고 있었다. 무슨 고통에서 벗어나려 저리도 간절할까. 이곳은 기도처로 이름난 곳으로 알려져 있다. 산세가 험하고 산기운이 센 터로 기도를 해본 사람들은 이곳에서는 잠을 이룰 수가 없다 한다.

토신들이 잠을 자게 내버려 두지 않는다는 것이다. 밤새 기도를 하게 만들어 그만큼 간절한 곳이 아닐까.

몸과 마음이 병든 중생들에게 희망을 비추는 그 빛은 어디서든 자비가 넘치는 듯하다. 해외여행을 하면서 성모 마리아가 발현하였다는 프랑스 루르드 동굴 속 샘물도 마셔보고, 스페인 몬세라트 수도원 안에 있는 검은 성모마리아 상도 만져보며 그 믿음에 힘을 빌린 적도 있었다. 장소를 막론하고 병들고 고통 받는 사람들에게 희망을 주는 신의 힘이 곧 신앙이라 믿었다.

약사여래불상을 지나 지장전으로 가는 중간에 만나는 작은 선방 앞에 서니 아름드리 소나무와 청풍호반의 정경이 한 폭의 산수화를 보는 듯했다.

겹겹이 쌓여 있는 산 그림자를 품은 청풍호의 물길이 한 눈아래 펼쳐진 빼어난 조망은 환상적이었다. 드넓은 청풍호수와 월악산이 한눈에 들어왔다.

남쪽으로 보이는 듬직한 금수산의 뒷모습과 멀리 이어진 월악산의 실루엣은 감동의 크기와 깊이가 같았다. 깎아지른 듯한 벼랑 위에 지어진 사찰은 편안함보다는 아찔함이 더했지만, 그것도 잠시뿐 쉽게 발길을 돌릴 수가 없었다.

구름이 머문다는 유운당은 실제로 이른 아침에 정방사에 오르면 구름이 머물고 있다 하니 그만큼 높은 곳에 자리하고 있기 때문일 것이다.

바위마다 분재처럼 자리 잡은 노송의 풍치와 정방사 뒤 바위틈으로 흐르는 석간수는 물맛이 아주 좋았다.

일망무제의 유록빛 바다를 뒤로 하고 돌아앉은 스님의 뒷모습이 보인다. 정갈하게 삭발한 머리와 어깨 위에 걸친 회색빛 장삼에서 평생 고행하며 수행한 선승의 기품이 전해 온다. 연좌에 앉은 스님의 모습은 미동 없는 바위처럼 고요하다. 산 기운과 기도로 환자들의 마지막 가는 길을 돕는다는 스님의 뒷모습을 보면서, 얻은 만큼 나눔을 하지 못함을 반성하게 된다.

사월도 두 번 봄도 두 번으로 길어진 윤사월은 하늘에 핀 물거품 구름마저 위엄이 있는 듯하다.

혼불

자연과 더불어 사는 것은 누구나 할 수 있는 일이지만, 자연을 예술로 승화시키며 산다는 것은 아무나 할 수 있는 일이 아니다. 대청호를 보면 한 사람이 떠오른다. 전국 8대 오지마을 중 한 곳인 문의면 발랏 마을에서 닥나무로 닥종이를 생산하며 한국의 전통예술을 이어가고 있는 이종국 작가이다.

십여 년 전 벌랏 마을을 찾았을 때의 기억이 떠올랐다.

2010년, 『선우야 바람 보러 가자』 책을 접하며 호기심에 조선 시대와 같은 삶을 사는 선우네 집을 찾아갔었다. 선우는 이종국 작가의 아들이다.

시내를 조금 벗어나자 시골 풍경과 수면에 봄 햇살을 머금은 대청호수의 윤슬이 아름다웠다. 좁은 도로를 굽이굽이 돌아가니 발랏 마을 이정표가 나타났다. 드문드문 민가가 보이고 포도, 복숭아, 옥수수, 감자가 싱싱하게 자라고 있었다. 이곳은 산골인데도 불구하고 배를 타고 들어와야 한다고 했다. 대청댐이 생기기 전에는 물길을 따라 나룻배가 다녔다.

이곳은 임진왜란 때 피난 온 화전민들이 일군 마을이다. 마을 이름의 유래는 골짜기에 밭이 많아 '엇' 하고 놀란 소리가 마을의 이름이 되었다는 재미있는 이야기가 있다. 첩첩산중에 대청댐 물길로 막혀 있던 마을은 6.25 전쟁이 난 줄도 모를 정도로 외진 곳이었다 한다.

마을 입구에는 '벌랏 한지 마당' 체험장이 있었다. 체험장을 지나 도로를 따라 마을로 내려가니 이십여 채의 가옥들이 눈에 들어왔다. 골짜기에 숨어 있는 마을은 울도 담도 없는 집들이 많았다. 대부분 안방과 윗방, 쪽마루, 뜨락, 부엌, 헛간이 전부였다. 낡은 집들의 천장은 머리에 닿을 정도로 낮고 협소했다. 더러는 방치되고 있는 폐가도 있었다. 담배를 말리던 건조실, 솔가지가 얹혀 있는 낮은 돌담, 빨래터, 군데군데 속살을 드러낸 흙벽돌집과 일본식 건물은 60년대의 모습 그대로였다.

마을 곳곳에는 성황당 원추형 돌무더기에 오색 천 조각을 새끼줄에 끼워 금줄을 쳐 놓았다. 아직도 마을 사람들은 주술에 많이 의지하고 있음을 알 수 있었다.

체험장에서 마을의 역사를 보니 1975년 한지를 마지막으로 제작한 후 발랏 마을에서 한지를 다시 만들기 시작한 것은 2005년부터였다. 당시 마을에 살던 화가 이종국 씨가 전통을 살려 한지를 다시 만들자고 제안한 것이다. 그의 열정과 신념으로 다 쓰러져가는 종이 공장 대신 마을 어귀에 한지 체험장이 들어섰다고 했다.

한지의 역사를 묻자 초등학교를 졸업하자마자 할아버지에게 한지 제작을 배웠다는 어르신은 "언제부터 한지를 만들었는지 몰라. 기록이란 게 남아 있질 않아서, 우리 할아버지도 그 윗대에 배웠으니 몇 백 년은 됐겄지"라고 말씀하셨다.

이종국 작가의 집이 궁금해졌다. 조선시대의 삶을 살아가고 있는 이종국 작가 집은 마을 꼭대기에 위치한 집은 옛날 영화에서나 볼 수 있었던 그야말로 초가삼간이었다. 마침, 두건에 긴 턱수염을 기른 이종국 작가는 닥나무 작업을 하고 있었다.

곁에서 아내가 일을 도와주고 있었다. 이 두 사람의 만남은 이십 년간 세계를 돌며 수련을 해온 명상가 이명옥 씨는 미술학원을 운영하다 물질문명을 피해 돈 없이 사는 삶을 택한 이종국 작가를 이곳 벌랏 마을에서 만나 가정을 이루었다 했다. 그들의 분신인 아들 선우는 6살이 되었다. 문명의 이기가 오히려 낯선 선우는 가끔 오는 체험단원들과 함께 살아가는 자연인같이 보였다.

집안 헛간을 보니 대나무가 많이 걸려 있었다. 바로 초지 발을 지탱해 주는 버팀목 재료로 사용한다고 했다. 초지 발은 탄력이 있어야 하므로 각목보다 자연스러운 휘어짐과 물결의 흐름을 타고 한지를 뜰 수 있어 대나무를 사용한다고 했다.

초지 발을 이용해 앞뒤로 흔들어 섬유를 떠서 압착 건조하면 비로소 한지가 된다. 그는 초지 발을 만드는 장인이 이제 전수자가 끊겨서 더 이상 못 만든다고 했다.

우리 종이문화를 지키기 위해 투혼 하는 부부의 모습에 큰 감동이 밀려왔다.

한지의 전통이 앞으로 영원히 이어지길 바라며 발랏 마을을 떠났다.

그로부터 10년이 지난 후 다시 발랏 마을을 찾았다. 같은 계절에 만나는 대청댐에서 청남대로 향하는 산에는 그날처럼 푸른 녹음으로 짙어가고 있었다. 길은 그대로인데 산은 더욱 푸르고 나무들은 살을 찌우고 있었다.

10년이 지난 지금은 어떻게 변했을까. 설렘 가득한 마음으로 차를 몰았다.

여전히 작가는 닥나무를 벗기고 찧고 닥풀즙을 내어 물질을 하고 있겠지. 아들 선우는 얼마나 자랐을까, 건강이 좋지 않았던 그의 아내는 많이 좋아졌을까, 10년 동안 마을은 더욱 번성해졌겠지. 친정 나들이하는 것처럼 가슴이 뭉클해져 왔다.

어느덧 '발랏 마을'이라는 이정표가 보인다. 예전보다 깊어진 숲길과 마을 초입에 들어서자 옛사랑을 만나는 듯 설레었다. 닥종이 체험관이 반갑게 그대로 서 있었다. 그런데 어찌 된 일인지 문이 잠긴 채로 썰렁했다. 앞마당에는 잡초만 무성했다. 체험관 운영을 하지 않은지 꽤 오랜 시간이 흐른 것 같아 실망스러웠다.

마을 쪽으로 내려가 보니 조용했다. 오가는 사람도 없을뿐더러 황량하기까지 했다. 빨래터도 함석지붕으로 덮여 있고 교회도 잠겨 있었다.

이종국 작가의 집으로 올라가 보니 대문이 조금 열려 있었다. "계세요." 하고 불러보아도 대답이 없었다. '삐그덕' 문을 열고 들어가 보니 집은 형상만 남긴 채 폐허로 변해 있었다. 마당에는 닥나무 몇 단, 벗겨 놓은 껍질 몇 단만이 쌓여 있었다. 손길이 닿지 않은 집은 몇 년을 비워 놓았는지 작가의 자취를 찾아볼 수 없었다. 새 둥지에서 부화를 끝내고 모두 날아가 버린 빈 둥지처럼 쇠잔해 보였다. 성성했던 벌랏 마을은 온데간데없고 나이

많으신 어르신 두서너 분이 나무 그늘에 앉아 있었다. 어찌된 영문이지 마을 어르신께 여쭤보니 "그분들 몇 년 전에 벌써 이사 갔다우, 아마 그 집 안사람이 많이 아픈 모양이여. 신탄진 어디로 갔다구 하더구만." 마을 어르신들도 이곳을 떠난 이종국 작가 가족의 근황을 잘 모르는 듯했다.

"그럼 이곳에는 아예 오지 않으시는지요?"라고 묻자

"가끔 와서 집을 들여다보고 가긴 혀"

10년이면 강산이 변한다고 하더니 이곳도 세월의 풍파를 비껴갈 수는 없었나 보다. 돌아오는 내내 아쉬움으로 가득했다. 닥종이의 전통 예술을 끝까지 지키는 것은 이념을 넘어 수행을 하듯 업력과 심력이 있어야 지킬 수 있다는 것을 새삼 느끼게 되었다. 아무도 기다려주지 않는 그곳은 전통도 예술도 없었다.

전통문화의 명맥이 끊긴 것 같아 안타까웠다.

그곳을 다녀온 후로 마음에 실망이 쉽게 가라앉지 않았다.

그런데 오늘 아침 TV에서 이종국 작가의 특집이 방영되었다. 반가운 마음에 화면 앞으로 바짝 다가가 앉았다. 두건에 삼베옷을 걸쳐 입고, 긴 턱수염을 기른 옛 모습 그대로인 이종국 작가를 기자가 인터뷰하고 있었다. 작가는 올해 평창동 영인문학관에서 「종이를 품은 달」이라는 주제로 열흘간 전시회를 열고 있었다. 녹조가 섞인 닥종이로 만든 달항아리를 만드는 과정을 세세하게 방영해 주고 있었다.

그는 닥종이 공예를 포기한 것이 아니었다. 새로운 기술을 구상하여 대청댐에 서식하는 녹조를 닥나무와 결합한 후 독성 없는 그릇과 항아리를 만들어 예술로 승화시키고 있었던 것이다. 녹조 섞은 한지는 현재 특허출원 중이라며

"달항아리는 불가마에서 꺼낸 불 항아리가 아니라, 물속에서 꺼낸 새로운 생명의 달항아리입니다." 그의 비장한 얼굴은 확신에 차 있어 보였다.

이어 기자가 아내의 안부를 묻자 그의 두 눈에 갑자기 눈물이 주르륵 흘러내렸다. 아직도 병마와 싸우고 있다고 했다.

아내는 이 작가의 작업을 함께 도왔다. 닥종이 관련 사업과 집안 살림은 물론, 닥종이 보존 방법에 관한 책을 쓰는 작업도 아내가 도맡아 왔다고 하며 병마와 싸우고 있는 아내를 볼 적마다 가슴이 무너진다고 했다.

그에게 있어 닥종이는 삶이고 인생이었다.

"저는 종이에게서 그걸 배웠어요. 종이는 스미는 문화예요. 동양의 문화가 '스미는 문화'라면, 서양은 '칠하는 문화'죠. 은은한 한지에 붓을 대면 종이의 결을 따라 서서히 번지고 스며들어요."

역시, 모든 걸 닥종이에 바치고 있는 그는 타고난 예술가였다.

인고의 세월과 힘든 현실 속에서도 한결같이 닥종이 연구에 집중해왔던 그였다.

아무리 좋은 생각을 마음에 담아 둔다 하여도 행동하지 않으면 무슨 소용이 있으랴. 불굴의 의지로 끝까지 헤쳐나가는 이종국 작가는 혼불의 주인공이었다.

조선의 원색을 찾아서

푸르른 자연과 말간 자연을 담은 윤사월 마지막 날에 전라남도 담양으로 몸을 실었다.

그 옛날 선비들의 낙향 일번지, 담양의 초여름 빛과 향토색이 어떨지 설렘으로 다가온다. 잃어버린 조선의 원색을 찾아가는 달뜬 마음은 이미 소쇄원 입구 대봉대에 마중 나와 있을 500여 년 전 주인을 만난 듯 마음 가짐이 공손해진다.

드디어 도착한 소쇄원, 울창한 수풀의 초록 터널을 이룬 소쇄원 입구에 들어서니 대나무의 서걱거리는 소리조차 대금 소리로 와닿았다.

몇 백 년 전 그 원색의 물결이 정서적 거부감 없이 눈앞에 펼쳐졌다. 군데군데 손이 닿을 듯 가까이 있는 정자마다 꼿꼿한 선비의 정신이 살아 있었다. 먼 과거, 세상에서 힘겹게 살아가던 이들의 삶의 단면이 보고서로 남아 있다.

조선 중기의 대표적인 자연 정원으로 소쇄원은 식영정과 환벽당과 함께 일동 삼승지로 불리고 있다. 담양 벌에서 무등산을 바라보며 광주호를 끼고 남쪽 골짜기에 자리 잡은 소쇄원은 스승인 조광조가 유배되어 세상을 떠나자 권력의 뜻을 버리고 고향으로 낙향한 양산보가 기거하던 별서 정원이다.

소쇄원은 전원(前園), 계원(溪圓), 내원(內圓), 후원(後圓)으로 이루워져 있었다.

전원은 대봉대, 상하지, 물레방아, 애양단으로 이루어져 손님맞이에 적합하고, 계원은 오곡 문, 광풍각으로 풍류를 즐기기에 적합했다. 내원은 제월당이 있는 곳으로 내실을 의미하고 계절에 따라 아름다운 꽃들이 장관을 이룬다 한다.

광풍각은 소쇄원의 가장 주된 건물로 후면의 단 위에 지은 주인을 위한 제월당과 짝을 이루고 있었다. 제월당의 이름은 "가슴에 품은 뜻의 맑음이 마치 비가 갠 뒤에 해가 뜨면서 부는 청량한 바람과도 같고 비 개인 하늘의 상쾌한 달빛과도 같다."는 데서 유래되었다 한다.

사랑방 구실을 하였던 광풍각은 성리학자들의 만남의 광장으로 사용되었다. 암반을 타고 흐르는 시원한 물이 흐르는 계류로 조성되어 있었다. 해설사의 말에 의하면 수백 년의 계류 흐름에도 무너지지 않는 석축은 제주도에서 석축 공을 데려와 쌓았다고 했다. 아직도 청정하게 흐르는 물소리를 듣고 있자니 양산보가 선비들과 정치적 문학적으로 나라를 안위를 걱정하며 술로 마음을 다스리며 회한의 삶을 계류에 떠나보내려 한 것이 아니었을까 한다.

송강 정철이 머물던 정송강 유적 마루에 걸터앉는다. 멀리 무등산이 보이고 장자 앞에 흐르는 중암천은 오늘도 유유히 흐르고 있다.

정철은 많은 벼슬을 지내다가 정권 다툼으로 벼슬을 그만두고 고향인 성산에 내려와 4년을 머무르며 「사미인곡」과 「속미인곡」이 탄생시켰다. 팔각지붕으로 꾸며진 앞면에는 '송강정' 옆면에는 '죽록정'이라는 현판 2개가 걸려 있었다.

환벽당이란 뜻은 '녹음을 둘렀다' 하여 나주 목사를 지낸 김윤제가 벼슬을 접고 여생을 보내며 송강 정철을 발탁하여 붓을 들게 한 곳이다.

어느 날 김윤제 선생이 환벽당에서 낮잠을 자는데 조대 앞에서 한 마리의 용이 승천하는 꿈을 꾸었다. 꿈에서 깨어난 김윤제가 이상히 여겨 급히 조대로 내려가니 용소에서 한 소년이 목욕하고 있었다. 그는 그 소년의 비범한 용모에 매혹되어 몇 가지를 물어보니 범상치 않은 대답을 하여 데려다 제자 삼고 외손녀와 결혼을 시켰는데, 그가 훗날 문장가로 이름을 날린 정철이었다 한다. 환벽당 앞의 창계천은 고요한 아름다움을 지니고 있다. 늘 낚시꾼들이 자리 잡고 있는데, 잔잔한 강물과 고목들이 멋진 경관을 꾸며놓고 있었다.

멀지 않은 곳에 '식영정'이 부용당, 서하당과 함께 정자원림을 구성하고 있다.

돌계단을 올라 언덕 끝에 자리한 식영정 주변은 소나무가 울창하고, 정면으로 광주호가 보인다. 식영정이라는 이름은 장자의 제물편에 등장하는 '자신의 그림자가 두려워 도망치다 죽은 바보' 이야기에서 유래되었다 한다.

그림자를 두려워하는 바보가 있었다. 그는 그림자를 벗어나려고 끝없이 달아났다. 그러나 제아무리 빨리 달려도 그림자는 끝까지 그를 쫓아왔다. 더욱 빠르게 달려도 절대로 그림자를 벗어날 수 없었다. 결국 그는 그림자에서 벗어나지 못한 채 힘이 다해 그만 쓰러져 죽고 말았다. 여기서 그림자는 인간의 욕망을 의미한다. 누구나 욕심으로 가득 찬 세속을 벗어나지 않고는 이를 떨쳐버릴 수 없다는 것이다. 옛 선인들은 세속을 떠나 그림자도 쉬는 곳을 '식영 세계'라 불렀다. 이를 상징하며 '식영정'이 되었다 한다.

흐르는 개울물 소리를 벗 삼아 차라도 한 잔 마시고 싶어진다.

아름다운 정원 한가운데 서서 느끼는 하루는 자연 속의 하나의 자연으로 존재하며 무욕을 바라보는 눈빛이 맑아진 기분이다.

누구나 자신만의 원색으로 정원을 가꾸며 살아간다. 자신의 정원에 무엇을 심느냐에 따라 그 사람의 결실이 나타난다. 선을 심으면 선한 열매가 열리고, 악을 심으면 악의 열매를 맺는다. 꿈을 심으면 희망이 돋아나 꽃을 피우고, 죄를 심으면 형벌을 거두게 되어 있다. 이곳 소쇄원에 의(義)를 심은 옛 선비들은 의(義)에 열매를 거두었다.

그 변하지 않은 선비의 충절은 고택에 머물러 후손들에게 영향을 미치고 있다.

세상이 바뀌고 시대가 바뀌어도 존재의 중첩과 순환은 계속된다. 소쇄원에서의 하루는 깊은 인연으로 남아 다시 찾아오는 날에는 더 찬란한 모습으로 정자 위에 다시 서리라.

송강의 자취를 찾아가다

햇살 참 좋은 날이다. 소쇄원 정원을 거닐다가 '송강정'에 앉았다. 해설사의 역사와 문화에 대한 해박한 지식에 힘입어 송강의 일대기를 자세히 알게 되었다.

송강이 49세에 동인의 탄핵으로 낙향하여 4년간 이곳에 머물며 임에게 버림받은 여인의 독백체 연주 가사인 「사미인곡」이 탄생시켰다 했다.

이 가사에 전해지는 선율을 따라 가까이에 있는 한국가사문학관에 들어섰다. 이곳에는 정철의 친서를 모아 엮은 유묵집과 송강집, 그리고 선조로부터 하사받은 술잔이 전시되어 있었다. 해설사의 말에 의하면 이 술잔은 선조가 정철이 술을 너무 과한 것을 걱정하여, 하루 한 잔만 마시라는 의미로 하사받은 은잔이었다. 송강은 술을 더 먹겠다는 집념으로 잔을 망치로 두드려 펴서 사발로 만들어 버렸다고 한다.

정철은 1536년 형과 누나를 셋씩 둔 막내로 세상에 태어났다. 유복한 어린 시절 궁궐을 자유롭게 드나들었던 정철은 2살 위인 경원대군과 함께 놀며 지내는 사이였다. 그러나 10살 때 을사사화로 막을 내렸다. 아버지를 따라 유배지를 전전하며 어렵게 생활했다.

1551년 선조의 탄생으로 특별사면으로 유배에서 풀려난 아버지는 담양에서 인생 2막을 시작하게 되었다. 담양에서 그는 김윤제 문하에서 지내며, 송순, 임억령, 김인후, 기대승에게 가르침을 받았고 17세에 김윤제의 외손녀인 문화 류 씨와 혼인했다.

그는 담양 생활 10년 만인 27세에 과거에 급제하며 정치 무대에 등장했다. 우의정, 좌의정까지 요직을 거쳤다. 하지만 40세와 43세 때 당쟁에 휘말려 낙향했고, 45세에 강원도 관찰사로 다시 시작하였다.

"강호에 병이 깊어 죽림에 누웠더니, 관동 팔백 리에 방면을 맡기시니, 어와 성은이야 갈수록 망극하다"로 시작하는 「관동별곡(關東別曲)」, 45세에 강원도 관찰사로 부임한 송강 정철이 여러 명승지를 둘러보고 읊은 노래로 조선 가사 문학의 백미로 꼽힌다 한다.

「사미인곡」과 「속미인곡」 똑같이 임금에 대한 그리움으로 송강은 다시 관직에 오르기를 기다리며 표현했다.

정철은 한때 전라도 관찰사 시절 나이 어린 기생 자미를 만난다. 정철은 자미에게 틈틈이 '사미인곡'을 들려주었다. 10개월 만에 한양으로 떠나게 되자 사람들은 자미에게 송강의 호에서 '강'자를 따서 강아(江娥)라고 이름을 지어주었다.

송강에 대한 연모의 정이 깊어 함경도 강계로 귀양 가 있는 송강을 찾아갔으나 임진왜란이 나자 선조의 특명으로 송강은 다시 소환되어 전라, 충청도 도체찰사로 임명되었다는 소식을 들었다. 송강을 만나기 위해 적진을 뚫고 남하하다가 왜군에게 붙잡히자 이량의 권유로 자기 몸을 조국에 바치기로 결심하고 왜군장수 고니시유키나카을 유혹하여 아군에게 첩보를 제공해 평양 탈환에 큰 공을 세웠다. 쉽게 시작하고 간단히 마무리하는 요즘 사랑과는 달리 송강의 삶을 인도하는 베르테르적 사랑을 이룬 '강아'였다.

송강은 54세에 다시 우의정을 거쳐 좌의정이 되었지만 56세에 광해군을 세자로 주청했다가 선조의 미움을 사서 유배되었고, 결국 58세에는 동인의 모함으로 강화도에서 칩거하며 가난과 병고에 시달리다가 세상을 떠났다.

벼슬과 파직을 거듭하면서도 그의 뛰어난 문장은 우리나라 가사 문학의 최고봉으로 꼽히고 있다.

정철에 대한 평가는 극단을 달린다. 『선조수정실록』에는 "충성스럽고 청렴하고 강직하고 절개가 있어 한결같은 마음으로 나라를 근심했다."라고 적혀 있지만, 『선조실록』에 의하면 정철의 성격은 한마디로 최악 중의 최악이었다고 한다. 정철은 성품이 편협하고 말이 망령되고 행동이 경망하고 농담과 해학을 좋아했기 때문에 원망을 자초하였다고 한다. 능력보다 인성을 중시한다는 유교를 공부했음에도, 믿을 수 없을 정도로 정철은 가식적인 선비였다고 한다. 그 대표적인 사건이 '정여립 모반사건'의 수사와 국문을 맡은 '서인의 영수였던 정철'은 동인 1,000여 명을 처형했고, 수백 명을 귀양 보냈다고 한다. 이것이 사실이라면 정철은 어디에서 그토록 아름다운 글과 시가 나온 것인지 궁금해진다. 글과 성품과 행동이 일치하는 삶이야말로 진정한 문인의 자세라 믿어 온지라 실록에 오류가 있길 바라는 마음이다.

현재 송강의 묘는 충북 진천군 문백면 봉죽리 환희산 기슭에 있다. 청주에서 그리 멀지 않아 내친김에 송강의 묘를 찾아 나섰다. 송강의 위패를 봉안한 정송 강사 입구에는 360년을 훌쩍 넘긴 느티나무가 장관을 이루고 있어 송강의 위엄을 보는 듯했다. 홍살문이 보이는 길을 따라 걸어 올라가면 왼쪽에 송강 선생의 시문을 새겨 놓은 시비들이 있고 오른편에는 신도비각이 세워져 있다. 한적하고 깨끗하게 단장되어 있었다.

우리 집안 선조의 묘와 별반 다름없는 송강의 유택은 아래로 둘째 아들과 함께 잠들어 있었다. 봄볕의 새 기운에도 두 봉분은 고요하고 적막하기만 하다.

한 시대를 주름잡던 문인이 잠들기에는 민망할 정도로 쓸쓸함이 묻어났다.

다시 펴 보는 국어책

옥천 하면 육영수 여사가 떠오르고 정지용 시인이 떠오른다. 먼저 육영수 여사 생가를 찾아가니 대문이 굳게 닫혀 있었다. 아쉽지만 다음 기회로 미루고 옥천 하계리 정지용 생가를 찾았다. 생가 앞 청석교 아래에는 여전히 '향수'의 서두를 장식하는 실개천이 흐르고 있으며 그 모습은 변한 지 오래지만 흐르는 물은 예전과 같이 맑기만 하다. 생가에는 눈길 가는 곳마다 정지용의 시를 걸어놓아 시를 음미할 수 있도록 배려해 놓았다.

질화로에 재가 식어지면 뷔인 밭에 밤바람 소리 말을 달리고(…) 흐릿한 불빛에 돌아앉아 도란도란거리는 곳

향수를 불러일으키는 방 안에는 질화로와 등잔이 놓여 있다. 넓지 않은 마당에는 우물과 장독대, 헛간에는 홀태기, 지게, 멍석이 자리하고 있었다. 향수와 고향의 차이는 관념과 현실로 애써 분리하지 않아도 이곳에서는 지친 마음을 정화해 주고 회복시켜 주는 성소와도 같았다.

생가를 벗어나 그의 문학이 숨쉬고 있는 문학관으로 발길을 옮겼다.

안내 데스크 우측에는 정지용 시인의 밀랍 인형이 벤치에 앉아 방문객을 기다리고 있었다. 시인 곁에 앉아 기념사진을 한 장 찍으니 시인과 특별한 인연이라도 된 듯했다. 정지용 문학의 실체를 보고, 느끼고, 체험할 수 있도록 문학전시실과 영상실, 문학교실 등이 마련되어 있어 시인의 위상을 다시 한번 볼 수 있었다.

시인의 48년 삶이 고스란히 담겨 있는 지용 연보, 지용의 삶과 문학, 지용 문학지도, 지용의 시, 산문집, 초간본을 전시를 통해 볼 수 있었다. 종이가 귀했던 시절, 손바닥만한 빛바랜 책 한 권은 세월이 흘렀어도 그 정신만은 고스란히 전달되어 왔다.

문학체험 공간에는 시인의 다큐멘터리 영상이 상영되는 영상실과 강좌 및 세미나를 할 수 있는 활동공간도 마련되어 있었지만 방문객이 적은 탓인지 영상은 볼 수 없어 아쉬웠다.

무엇보다도 1910년대부터 1950년대까지 지용 문학 지도에서 현대시의 변화 과정과 흐름을 보면서 시인들을 만나고 있는 것 같은 착각이 일었다.

갈래머리 곱게 땋아 내리던 여고 시절, 그 열일곱 살 소녀의 맑은 감성의 눈으로 국어 시간에 만났던 시인들의 사진을 보니 가슴에 잔물결이 일었다. 유성처럼 스쳐 지나가는 시들이 이순이 된 지금까지 잠재된 것을 보면 나는 늘 시와 함께 있었던 것 같다. 학교를 오가며 쪽지에 적어 외웠던 시와 시인들의 작품이 고스란히 전해져 왔다. 이 순간만큼은 여고 시절로 돌아가 행복했다.

지용 연보에 게시된 시대별 시인들을 기억하는 동안 다시 국어책을 펴보는 것 같았다.

정지용 문학상 역대 수상자들의 명단을 보니 가까이 사는 도종환 시인이 21대 수상자로 게시되어 있었다. 우연히도 도종환 시인은 내가 사는 지역구 제21대 국회의원으로 지난 4월 당선되었다. 얼마 전 문학회에서 시문학 강사로 모신 적이 있다.

시인은 늘 자연과 대화를 하며 산다고 했다. 그 결과물이 「흔들리며 피는 꽃」 「담쟁이」가 본인의 대표작이라 했다. 시인은 지난 문체부 장관으로 임명되자 '정치인이 무슨 시를 쓰겠느냐. 이제, 도종환은 시인 인생은 끝이 났다.'며 어느 시인은 그에게 근조(謹弔) 리본이 달린 난 화분 하나를 선물 주었다고 한다. 그러나 시인은 문학 강의에서 '본인은 첫 번째가 시인이며, 두 번째로 정치인으로 살아가고 있다.'고 했다.

문학관을 매번 만난다 하여 감동을 하는 것이 아니다. 진심으로 감동을 하는 날은 오늘처럼 흔치 않았다. 오늘, 시간을 거슬러 올라가 그리운 이들을 만나면서, 나는 다시 새 역사를 써 내려간 하루가 되었다.

다시, 봄

가을에 찾은 제주는 가는 곳마다 환상적인 풍경으로 다가왔다. 숨어 있는 매력을 속속들이 만나면서 나 자신도 풍경에 일부가 되었다.

그해 봄, 결혼 10주년 기념으로 제주도에 왔었다. 천제연 폭포로 가는 길에 칠선녀 다리 입구에 서니 사진사가 멋진 추억 하나 남겨 보라며 붙잡았다. 즐거운 마음으로 사진사가 대여해 준 혼례 대례복을 입고 리마인드 웨딩 사진 한 컷을 찍었다. 자연이 그려놓은 그림을 배경으로 찍은 사진은 아름다운 추억을 남겼다. 등 뒤에서 밀어주는 봄 햇살을 받으며 커피도 마실 겸 주변 쉼터로 갔다. 쉼터에는 손금을 보는 기계가 설치되어 있었다. 왠지 모를 호기심에 이끌려 기계 앞으로 다가가 남편의 손바닥을 집어넣었다. 그런데 남편의 뜻밖의 수상(手相) 결과에 잠시 의아했다. "천수를 넘기기 어려울 듯하다." 그러나 재미로 본 것인지라 대수롭지 않게 넘겼다. 여정 내내 우리를 뒤따르던 봄볕도 점점 자취를 감추었다.

남편은 제주 여행 후 일상으로 돌아와 바쁜 날을 보냈다. 직장 일과 몇 달 뒤에 있을 건축사 고시에 대비하기 위해 하루를 25시간으로 살아갔다. 새벽 1시에 잠을 자고 나면 다음 날은 2시에 새우잠을 잤다. 나와 같은 날, 같은 시간을 살아가면서도 다른 세계에 사는 사람 같았다. 일신우일신 한 삶은 외려 남편을 점점 피폐하게 만들었다.

여행을 다녀온 지 3년이 지났을 무렵, 남편은 자신의 몸에 이상한 혹이 생겼다며 병원에 다녀온다고 했다. 그때만 해도 젊었으니까 대수롭지 않게 생각했다. 병원에 다녀온 남편의 얼굴이 심각해 보였다. 의사가 보호자를 동행하라는 말에 덜컥 겁이 났다. 보름 뒤, 남편은 말기 암 판정을 받았다. 때로는 시간에게 시간을 주어야 할 때가 있다. 그래야 몸도 마음도 휴식하며 에너지를 충전할 수 있다. 그렇지 않으면 강제로 시간을 빼앗아 간다는 걸 미처 몰랐다.

남편은 발병 후 6개월 만에 세상을 떠났다. 나의 유일한 빛이었던 그가 영원한 어둠이 되어 버렸다. 장난삼아서 해보았던 손금 수상기를 배신하지 못했던 것이었나, 거짓말 같이 찾아온 비극은 나에게 전혀 다른 세상을 살게 했다.

운명은 양날의 검과 같아 서로에게 상처를 주지만, 감당할 수밖에 없는 것 또한 숙명인가 보다.

천제연 폭포 아래 섰다. 폭포 소리가 장쾌하다. 쏟아지는 물줄기에 많은 이야기가 부서져 내린다. 저 울음소리를 나는 듣고 있다. 그를 보내고 한동안 저 폭포수처럼 소리 내 울었다. 그리고 다시 살기 위해 흘리는 눈물은 생명의 합창이 되어 더 큰 소리를 냈다. 긴 시간을 보내고 폭포는 다행히도 희망의 줄기가 되어 쏟아져 내렸다.

그가 떠난 지 이십여 년이 지났다. 이 가을에 다시 찾은 제주도 칠선녀 다리는 변함이 없었다. 다리 위에 서니 다시 남편을 만나고 있는 것 같았다. 봄 중에 가장 좋은 봄은 다시, 봄이라 했던가, 그와의 추억을 되살려 같은 자리에서 혼자 사진 촬영을 했다. 둘이 걷던 길을 혼자 걷는다. 걸으면 걸을수록 저 멀리 신기루처럼 그가 달려온다. 그와 다른 세상을 살아가고 있지만, 마음만은 같은 세상에 살아가고 있다고 믿었다. 이 모든 기억을 품은 제주는 아름다운 꽃길과 숲길로 나를 부드럽게 어루만져 주었다.

지금까지 걸어온 길을 되돌아보니 행복을 미래에 두고만 살아왔던 것 같다. 행복은 현재에만 찾아오는 선물이란 걸 이제야 느낀다.

이제는 어두운 길을 걷다가 하늘에 별이 없다고 실망하지 않는다. 가장 빛나는 별은 간절하게 빛의 속도로 지금 달려오고 있음을 안다.

전에는 눈에 보이는 길을 갔지만, 지금은 보이지 않은 길을 간다. 작가의 길로, 예술가의 길로, 나에게 다시, 봄이 오고 있다. 수필가 김민정, 시인 김민정으로 사는 한 나는 봄으로 다시 태어난다.

봄은 매년 다른 색깔로 찾아온다. 더 밝은 빛으로, 더 향기로운 모습으로 찾아오듯이 내 인생에 다시 찾아온 봄을 온몸으로 맞이한다.

희망과 시작의 노래

- 김민정 수필집 「다시, 봄」을 중심으로

오경자

(국제PEN한국본부 부이사장, 한국수필문학가협회장)

수필은 작가의 체험을 바탕으로 해서 쓰는 글이기에 자칫하면 체험담의 기록에서 헤어 나오지 못하고 허우적거릴 위험이 있다. 또는 체험의 내용에 따라 감정이 복받쳐서 심리적 변화를 심하게 겪으면서 요동치는 감정의 늪에 빠지기 쉽다. 게다가 수필이 그 짧은 글 속에 담아야 할 요소가 너무 많아서 그중 한두 가지에 만족하면서 글을 써 나가는 경우가 많다. 즉 어느 작품에서는 정보의 제공에 충실하고, 어느 것에서는 서정적 표현이 돋보이고, 또 다른 작품에서는 문장의 표현에 특히 신경을 쓰고 하는 등등의 현상이 나타나는 것이 대부분의 수필집일 경우가 많다.

수필가 김민정은 그의 두 번째 수필집 『다시, 봄』을 마치 신작 수필만으로 엮어 보고 싶었던 것 같다. 한 편 한 편이 모두 수필의 요체를 고루 갖추고 있는 것이 특징이다. 작가의 체험을 바탕으로 하되 폭넓은 정보를 데려오고 치밀한 구성으로 체험과 현재의 감회를 한 줄에 구슬 꿰듯 엮어나간 구성의 솜씨가 탁월하다.

김민정은 수필을 쓰는 데 있어 경건할 정도의 마음가짐으로 한 땀 한 땀 정교한 수를 놓듯이 정성스레 글을 전개해 나가고 있어 좋은 수필의 특징인 치밀함이 기본으로 깔려 있다. 그는 아픈 과거를 슬픔으로 마감하지 않고 희망으로 바꾸는 신선한 충격을 독자에게 선사한다.

그는 젊은 나이에 맞은 상배라는 깊은 상처를 아픔 아닌 극복으로 받아들이고 거기서 미래를 보며 희망의 싹을 찾는 비범함을 보이면서 수필을 빚어 나갔기에 그의 글은 천착하지 않아 슬픔을 말할 때도 발랄하기까지 하다.

『다시, 봄』의 수필들이 갖고 있는 주제는 희망과 시작이다. 그는 그 주제를 여러 가지의 그릇에 담아낸다. 자연 풍광과 옆에서 일어나는 꽤 딱딱한 시사적인 글감이라는 그릇들이 하나같이 그에게는 희망과 시작을 빚어내는 용광로가 되고 마는 마력을 지니고 있다. 그의 손에 잡혀 아름다운 수필 한 편이 태어나는 데 공신이 되는 꽃들도 하나같이 수수하고 토속적인 우리의 꽃들이다. 이름이 매력적이고 환상적인 외래 풍의 꽃들은 그의 화단에 들어

오지 못했다. 살구꽃에서 첫 문을 연 그의 꽃 사단은 연꽃, 달개비 수국, 구절초, 등 여러 가지 야생화를 거쳐 겹황매화, 창포에서 절정을 이룬다.

그의 서정성은 세상을 마치 한 폭의 수채화를 보는 착각에 빠지게 할 정도로 풋풋하게 자연 속에서 잉태되고 자란다. 그의 서정의 숲은 언제나 연록의 은은한 색깔에서 출발하여 짙은 녹음을 거쳐 결실로 이어진다. 그의 수필이 희망의 서곡이 되게 하는 원동력이 여기 있다.

주제를 형상화함에 있어 능청스러울 정도로 담담하게, 아주 차분하게 뼈대를 꼿꼿하게 세워나가는 것은 그의 표현력과 묘사의 힘이 뒷받침하고 있다. 사경적 표현의 명수이다. 김민정의 수필의 주제는 가족애와 세상은 살아볼 만한 가치가 있다는 희망적 소신이다. 그의 가족애는 깊은 연민에서 출발하지만 희망적 소신으로 귀결된다.

「그리운 살구나무」에서 작가는 큰언니의 아픈 과거를 글감으로 하면서도 그의 이야기를 지루하게 전개하는 우를 범하지 않고 있다. 간결하게 툭툭 마디를 자르듯이 써 내려갔지만 독자는 오히려 그 구성에서 신선미를 느낀다. 큰언니의 이야기를 훤히 내다보게 하는 재미를 독자에게 준 것은 여백의 미를 선사한 것이다. 살구나무 아래에서 시작한 큰언니의 회고를 지금 선 나무 밑에서 미래의 희망으로 마무리하는 것은 서두 결말의 탄탄한 구성의 좋은 예라 하겠다.

> 꽃처럼 인생이 피었을 때는 몰랐다. 꽃이 이렇게 빨리 진다는 것을, 푸름으로 기상이 넘치고 집터를 온통 꽃대궐로 만들었던 살구나무 아래서 식구들의 시끌벅적했던 소리가 귓전에 맴돈다.
>
> 이제 일백 년을 넘긴 고향의 살구나무는 더 이상 화려한 조명도 농익은 열매도 없이 그저 김씨 집안의 성근 족보만을 고요히 품고 식구들을 기다리고 있다. -「그리운 살구나무」 중에서

은유를 가슴으로 느낄 수 있는 대목이다.

「조우」에서 파랗게 젊은 나이에 떠나보낸 남편을 꿈에서 만난 날, 출근길에 남편을 쏙 빼닮은 듯한 사람과 스치게 되면서 일어나는 감정의 기복과 10년이 지난 후의 우연한 그 남자와의 만남에서, 가슴속에 일렁이는 여러 감정들을 담담하게 표현하면서도 아주 솔직하게 토로하고 있는 대목은 압권이다. 수필에 있어 솔직성은 생명과 같은 것이지만 모든 것을 다 솔직히 말하기는 어렵다. 특히 이런 미묘한 경우 자칫 자신의 뜻이 잘 전달되지 못할 위험이 있는 경우에 대부분 비켜 가기 일쑤인데 김민정은 정면 돌파로 자신의 심경을 솔직 담백하게 쓰고 그 안에 주제를 담는데 서슴지 않고 있다. 그 힘은 표현과 묘사에서 나온다 하겠다. 그리고 그는 과거의 회상에만 매달리지 않고 희망의 메시지

를 강하게 전하는 반전으로 독자를 긴장시킨다.

간밤 꿈에 남편이 환한 모습으로 나를 향해 뚜벅뚜벅 걸어왔다. 사무치도록 그리운 마음을 달려가 와락 포옹했다. 따뜻한 식사를 하자며 맛집으로 향해 가는데 남편이 갑자기 급한 일이 생겼다며 나를 내려놓더니 혼자 쌩하니 차를 끌고 가버렸다. 떠나가는 차의 뒤꽁무니를 망연자실 바라보며 알근해 오는 가슴을 쓸어안으며 잠에서 깨었다. (중략)

이름도 얼굴도 모르는 사람을 무작정 따라갔던 날, 다시 만날 인연을 기다리고 있었던 나였다. 그런데 10년이 지난 지금 이제야 그가 내 앞에 나타났다. 눈빛에서 푸른빛이 나고 있는 그의 넓은 품에 한 번 안겨 보고도 싶었다. 저 사람의 아내는 어떤 사람일까. 나이는 나보다 어리겠지. 저 사람은 내 남편처럼 이상주의는 아닐 거야. 혼자서 북 치고 장구 치고 헛바람이 빠르게 지나갔다.

서류 가방을 들고 일어서는 그의 서류 가방을 멘 어깨에 흔들리는 내 눈동자가 박힌다.

그가 떠나고 다시 한동안 일이 손에 잡히지 않았다. (중략)

사실은 예전부터 남편을 꼭 닮은 사람과 함께 살고 있다.

남편의 이목구비, 목소리, 성격, 행동까지도 데칼코마니로 그는 내 곁에서 행복을 준다. 바로 아들이다. 향기 없이 살아왔던 지난날을 보상해 주고 있는 아들은 든든한 버팀목이 되어주고 있다. 지금이 참 행복하다.

-「조우」 중에서

부모님에 대한 회상은 효로 이어지며 참회와 연민의 정을 담고 있다. 그러나 그 역시 부모님의 뜻에 따라 성공적으로 사는 것이 보답이라는 희망의 메시지로 일관한다. 비교적 부유한 어린 시절을 보냈기에 부모님의 고생에 대한 청승기가 없이 담담한 회고가 오히려 큰 울림으로 다가오며 강한 주제로 형상화된다.

뛰어난 관찰력으로 돋보이는 작품은 「디딤돌」이다. 같은 돌이 긍정적일 때와 부정적일 때를 절묘하게 비유하면서 인생도 그와 같음을 시사하는 비유법은 일품이라 하겠다. 그는 여기저기를 돌아보며 쓰는 글에서도 단순한 기행 수필로 그치지 않고 그곳에서의 느낌과 인생사를 씨줄과 날줄처럼 정교하게 짜 나가며 깊은 관조로 맛깔스럽게 수필을 빚어낸다.

그는 이 수필집의 마지막 작품을 「다시, 봄」으로 선택했다. 남편과의 추억에 실어 현재의 심경을 말하고 희망의 미래를 선언하는 것으로 대단원의 막을 내리고 있다.

김민정의 수필세계는 희망과 시작이다. 깊은 울림이 있는 깊이 있는 수필이 독자들을 찾아가는 것을 바라보는 일은 기쁨이요, 행운이다. 김민정의 수필이 코로나19의 우울증을 날려 보낼 수 있을 것 같다.

김민정 수필집

다시, 봄

2020년 11월 15일 초판 인쇄
2020년 11월 20일 초판 발행

지은이 / 김민정

발행인 / 강병욱
발행처 / 도서출판 교음사
편집 / 隨筆文學社 出版部

03147 서울 종로구 삼일대로 457 수운회관 1308호
Tel (02) 737-7081, 739-7879(Fax)
e-mail : gyoeum@daum.net
등록 / 제2007-000052호

* 잘못된 책은 바꿔 드립니다. 값 12,000원

ISBN 978-89-7814-805-4 03810

• 이 수필집은 2020년도 충청북도 충북문화재단 우수창작활동 지원사업 지원금으로 발간되었습니다.